生態社會主義

陳學明／著

孟樊／策劃

出版緣起

　　社會如同個人，個人的知識涵養如何，正可以表現出他有多少的「文化水平」（大陸的用語）；同理，一個社會到底擁有多少「文化水平」，亦可以從它的組成分子的知識能力上窺知。眾所皆知，經濟蓬勃發展，物價生活改善，並不必然意味著這樣的社會在「文化水平」上也跟著成比例的水漲船高，以台灣社會目前在這方面的表現上來看，就是這種說法的最佳實例，正因為如此，才令有識之士憂心。

　　這便是我們──特別是站在一個出版者的立場──所要擔憂的問題：「經濟的富裕是否也使台灣人民的知識能力隨之提昇了？」答案恐怕

是不太樂觀的。正因為如此，像《文化手邊冊》
這樣的叢書才值得出版，也應該受到重視。蓋一
個社會的「文化水平」既然可以從其成員的知識
能力（廣而言之，還包括文藝涵養）上測知，而
決定社會成員的知識能力及文藝涵養兩項至為重
要的因素，厥為成員亦即民眾的閱讀習慣以及出
版（書報雜誌）的質與量，這兩項因素雖互為影
響，但顯然後者實居主動的角色，換言之，一個
社會的出版事業發達與否，以及它在出版質量上
的成績如何，間接影響到它的「文化水平」的表
現。

　　那麼我們要繼續追問的是：我們的出版業究
竟繳出了什麼樣的成績單？以圖書出版來講，我
們到底出版了那些書？這個問題的答案恐怕如前
一樣也不怎麼樂觀。近年來的圖書出版業，受到
市場的影響，逐利風氣甚盛，出版量雖然年年爬
升，但出版的品質卻令人操心；有鑑於此，一些
出版同業為了改善出版圖書的品質，進而提昇國
人的知識能力，近幾年內前後也陸陸續續推出不
少性屬「硬調」的理論叢書。

　　這些理論叢書的出現，配合國內日益改革與
開放的步調，的確令人一新耳目，亦有助於讀書
風氣的改善。然而，細察這些「硬調」書籍的出
版與流傳，其中存在著不少問題。首先，這些書
絕大多數都屬「舶來品」，不是從歐美「進口」，
便是自日本飄洋過海而來，換言之，這些書多半
是西書的譯著。其次，這些書亦多屬「大部頭」
著作，雖是經典名著，長篇累牘，則難以卒睹。
由於不是國人的著作的關係，便會產生下列三種
狀況：

1. 譯筆式的行文，讀來頗有不暢之感，增加
   瞭解上的難度。

2. 書中闡述的內容，來自於不同的歷史與文
   化背景，如果國人對西方（日本）的背景
   知識不夠的話，也會使閱讀的困難度增加
   不少。

3. 書的選題不盡然切合本地讀者的需要，自
   然也難以引起適度的關注。至於長篇累牘
   的「大部頭」著作，則嚇走了原本有心一

　　讀的讀者，更不適合作為提昇國人知識能力的敲門磚。

　　基於此故，始有《文化手邊冊》叢書出版之議，希望藉此叢書的出版，能提昇國人的知識能力，並改善淺薄的讀書風氣，而其初衷即針對上述諸項缺失而發，一來這些書文字精簡扼要，每本約在六至七萬字之間，不對一般讀者形成龐大的閱讀壓力，期能以言簡意賅的寫作方式，提綱挈領地將一門知識、一種概念或某一現象（運動）介紹給國人，打開知識進階的大門；二來叢書的選題乃依據國人的需要而設計，切合本地讀者的胃口，也兼顧到中西不同背景的差異；三來這些書原則上均由本國學者專家親自執筆，可避免譯筆的詰屈聱牙，文字通曉流暢，可讀性高。更因為它以手冊型的小開本方式推出，便於攜帶，可當案頭書讀，可當床頭書看，亦可隨手攜帶瀏覽。從另一方面看，《文化手邊冊》可以視為某類型的專業辭典或百科全書式的分冊導讀。

　　我們不諱言這套集結國人心血結晶的叢書本

身所具備的使命感，企盼不管是有心還是無心的
讀者，都能來「一親她的芳澤」，進而藉此提昇
台灣社會的「文化水平」，在經濟長足發展之
餘，在生活條件改善之餘，國民所得逐日上昇之
餘，能因國人「文化水平」的提昇，而洗雪洋人
對我們「富裕的貧窮」及「貪婪之島」之譏。無
論如何，《文化手邊冊》是屬於你和我的。

孟樊

於台北

序

　　無數的事實表明，環境的污染、生態的破壞日趨嚴重。但人們明明生活在危機之中卻懵懂不知。

　　但也有一些人醒著。他們清楚地意識到了目前人類正面臨由生態危機所帶來的滅頂之災，並且對此作了許多深入的研究。生態社會主義者就是其中的佼佼者。

　　生態社會主義產生於20世紀下半葉的西方綠色運動。由於它反映了馬克思主義對當代西方綠色運動的影響，反映了當代生態危機的解決與社會主義的必然聯繫，所以它成了環境保護主義中的左翼。

本書評述生態社會主義中最具代表性的四個理論家的觀點，他們是：法國的高茲、加拿大的阿格爾、美國的萊易斯、英國的佩珀。他們屬於不同時期生態社會主義的代表人物，了解了他們的觀點，基本上也就把握了生態社會主義的全貌。

通曉一股思潮、一個理論家的思想，最好的方法是原汁原味地解讀其原著。我們挑選了這四個理論家，也是整個生態社會主義中最具影響的八部著作，逐一加以剖析。對每一部著作，我們企圖引導讀者著重領會其中最富獨創性的若干論點。當讀者把眼光集中到下述這些命題時，我們相信一定會有所觸動的：

勞動分工是一切異化的根源；
資本主義的技術史可以讀作直接生產者地位下降的歷史；
科技勞動者是被神秘化的工人；
資本主義的利潤動機必然破壞生態環境；
資本主義的危機從本質上說就是生態危

機；

核技術代表一種獨裁主義的政治選擇；電
腦化和機器人具有一種經濟的合理性；

反對把思維編入技術的程序；

打斷「更多」與「更好」之間的聯結，使
「更好」與「更少」結合在一起；

儘管勞動減少了但仍然讓每個人能夠勞
動；

生活的價值在於創造而不在於消費；

保護生態環境的最佳選擇是先進的社會主
義；

蘇聯模式的社會主義提供了一幅資本主義
基本特徵的滑稽的放大畫；

更少地生產，更好地生活；

擴充人的自主活動的領域，增加個人自我
實現的可能性；

當今大規模的社會變革可能會表現為一種
「生態學的馬克思主義」；

資本主義危機的趨勢已轉移到消費領域，
生態危機取代了經濟危機；

沿著分散化和非官僚化的道路去改造資本
主義；

人的滿足最終在於生產活動而不在於消費
活動；

控制自然的觀念是生態危機最深層的根
源；

控制自然與控制人這兩方面存在著內在的
邏輯聯繫；

本能的克制是支持控制外部自然的事業所
必需的；

控制自然應重新解釋為對人類和自然之間
關係的控制；

生活和幸福在自然領域不是分離的；

控制自然中的進步將同時是解放自然中的
進步；

由量的標準轉向質的標準是未來社會迫切
需要解決的事情；

最重要的是改變表達需求和滿足需求的方
式；

馬克思主義對於生態社會主義猶如一劑

「解毒藥」；

生態社會主義是一種人類中心主義。

我們渴望我們所採取的這種新的寫作方式能得到讀者的認可。我們更渴望我們在本書中所述解的這些生態社會主義的理論觀點能震撼讀者的心靈，成為從懵懂中覺悟過來的清醒劑。

目錄

緒論

隨著西方社會中生態運動的蓬勃興起，生態社會主義（Eco-socialism）也不斷發展。生態社會主義已成了當今西方世界最有影響的思潮之一。

要了解生態社會主義的基本內涵，必須明白其生態主義（ecocentrism）的界限之所在。

在生態運動的「綠色」旗幟下，聚集著形形色色的思潮和流派。這些思潮和流派大致可分為「綠綠派」（Green-greens）和「紅綠派」（Red-greens）兩大陣營。屬於前者的主要派別有生態基本教義派（或稱原教旨主義者）（ecofundamentalisim）、生態無政府主義者和主流

綠黨等，他們的理論統稱爲生態主義。而屬於
「紅綠派」陣營的既有一些社會民主主義者，也
有一些馬克思主義者，他們的理論統稱爲生態社
會主義。生態主義與生態社會主義的區別可以歸
納如下：

　　首先，在對造成現代社會環境退化、生態危
機的根源的問題上，生態主義迴避資本主義制
度，而生態社會主義則把矛頭直指資本主義制
度。生態主義用非歷史的等級概念來取代階級剝
削的概念，認爲適用於一切生產方式的「等級制
度的權力關係」是引起環境退化、生態危機的根
源；而生態社會主義，特別是生態社會主義陣營
中的馬克思主義者，則強調生產關係、階級關係
是經濟、社會和政治剝削的根源，而經濟、社會
和政治直接導致環境退化和生態危機。前者對現
代社會中環境退化和生態危機的批判，基本上不
涉及私有制和資本主義的基本制度，而後者則堅
持認爲資本主義制度是生態危機的眞正根源。

　　其次，由於兩者在對造成環境退化和生態危
機的根源上存在著這一尖銳的分歧，進而雙方在

如何消除環境退化、生態危機的問題上，立場也截然有別。生態主義認為資本主義有消化全球生態危機的能力，主張在資本主義制度內實施自由市場、分散化的經濟、基層民主以消除生態危機。生態社會主義，特別是生態社會主義陣營中的馬克思主義者，則強調資本主義不可能為解除生態危機找到根本的出路，而認為只有廢除資本主義制度，廢除由這一制度帶來的貧困和不公正，最終才能解決生態問題和環境問題。

再次，相應地，兩者在消除環境退化和生態危機後應建立什麼樣的社會的問題上，即兩者的社會目標也迥然不同。生態主義把新社會運動視為社會變化的主角，反對把消除環境退化和生態危機與社會主義聯繫在一起，崇尚「回到叢林去」的浪漫主義，以建立「生態烏托邦」為社會政治理想；生態社會主義，特別是生態社會主義陣營中的馬克思主義者，主張與新社會運動結盟，但強調工人階級是社會變化的主角，在政治上立足於社會主義，以實現生態與經濟、社會和諧發展，建立沒有剝削和壓迫的社會主義為理想目

標。

　　最後，在社會目標問題上的分歧，與對待人
類中心主義的態度的區別密切相關。生態主義之
所以反對把消除環境退化和生態危機與社會主義
聯繫在一起，主要在於在生態主義者看來，社會
主義以人為中心。生態主義從反對工業化對自然
的掠奪出發，進而反對人類中心主義，而持生態
中心主義的立場。生態社會主義，特別是生態社
會主義陣營中的馬克思主義者，不是一般地反對
人類中心主義，而是反對人類中心主義的資本主
義形式。尤其是進入20世紀90年代以後，生態社
會主義強調人類在檢討自身對自然界的態度的同
時，不應放棄「人類尺度」，提出要重返人類中
心主義。

　　生態主義與生態社會主義在上述種種問題上
的分歧，直接反映了其理論基礎和文化價值取向
的不同。生態主義的理論基礎是無政府主義，而
生態社會主義的理論基礎是社會主義。隱含在上
述種種分歧背後的是無政府主義與社會主義的對
立。生態主義的文化價值取向具有嚴重的後現代

主義色彩，批判啓蒙理性，否定工業社會及其發展觀，主張反成長、反技術、反生產，就是明例。生態社會主義的文化價值取向則明顯是現代主義、理性主義的，這可以從其不否定工業社會的發展觀，而主張建立一個以維護生態平衡爲基礎，又能充分保證現代人享受現代文明成果的社會經濟制度中充分看出。

　　生態社會主義理論觀點最早見之於20世紀40年代出版的霍克海默爾與阿多諾合著的《啓蒙的辯證法》一書。該書在馬克思主義的旗幟下對啓蒙的辯證過程的揭示，對人追求支配和統治自然的知識形式的批判，對「田園牧歌式的生活」的神往，可以說是開了生態社會主義的先河。但是，生態社會主義作爲一種理論體系的眞正形成，那還是在20世紀60年代以後的事。生態社會主義從其產生到今大致經歷了這樣三個時期：

　　其一，20世紀60、70年代：生態社會主義的形成時期。波蘭的哲學人文學派的主要代表人物沙大是眞正意義上的第一個生態社會主義者，他以一個共產黨人和馬克思主義者的身分參與了

「羅馬俱樂部」的工作。而前東德共產黨人魯道
夫‧巴羅則最早謀求「綠色」與「紅色」，即生
態運動與共產主義運動的結合，他不但參與了生
態社會主義的創建，而且率先把生態社會主義觀
點付諸於實踐。但是，眞正對生態社會主義的形
成作出決定性貢獻的，還不是這兩人，而是法蘭
克福學派，特別是法蘭克福學派的馬庫色。馬庫
色在《論解放》和《反革命與造反》等著作中，
以馬克思的《1844年經濟學哲學手稿》爲依據，
詳細地論述了馬克思主義的關於人與自然相互關
係的理論，論證了「解放自然」的必要性和可能
性。後來的所有的生態學的馬克思主義的觀點，
都可以追溯到馬庫色的這兩部著作。在法蘭克福
學派中對生態學的馬克思主義在理論上作出重大
建樹的，除了馬庫色外，還有施密特。施密特在
《馬克思的自然觀》一書中所闡述的「人化自然」
思想是生態社會主義理論體系的一個重要組成部
分。生態社會主義雖然在20世紀60、70年代已經
形成，但對當時開始興起的生態運動的影響並不
是很大，在這一運動中的地位並不是很高，只能

算作是「萬綠叢中一點紅」。

其二，20世紀70、80年代：生態社會主義的體系化時期。生態社會主義在這一時期體系化，並獲得一定的發展得益於生態運動本身的如火如荼。生態運動在20世紀70、80年代的深入展開，受之於各種生態理論思潮的驅動，而生態運動本身的深入展開，又進一步促進了各種生態理論思潮的發展。在各種生態理論思潮中，發展最快的就是生態社會主義，而尤其是其中的生態學的馬克思主義。生態社會主義正是在這一時期形成了較爲完整的理論體系。無論是在生態危機的根源、遏止全球生態危機的社會力量、應當採取的手段和方式方面，還是對未來社會的構想方面，都有了一套較有系統的看法。特別是非常明確地提出了生態社會主義的政治、經濟、文化和社會生活的要求，這是生態社會主義體系化的最主要的標誌。這一時期使生態社會主義體系化的理論家主要是兩部分人：一部分來自於北美，代表人物是加拿大的班・阿格爾（Ben Agger）和威廉・萊易斯（William Leiss），他們所寫下的一系

列論述生態問題的著作是生態學的馬克思主義的
代表作；另一部分來自歐洲，主要人物有阿什頓
（F. Ashton）代表作是《綠色之夢：紅色的現
實》、博克金（M. Bookchin）代表作是《走向一
個生態的社會》、哈維（D. Harvey）代表作是
《資本的極限》等，而最主要的人物是法國的安
德烈‧高茲（Andre Gorz），他的一些著作同樣
被認為是生態社會主義的代表作。考察這一時期
的生態社會主義的發展過程，我們不難發現「從
紅到綠」的特徵，即許多的生態社會主義者，原
先是馬克思主義、社會主義理論家，後來轉入生
態學領域，致力於用馬克思主義的理論和方法研
究生態問題，成了生態社會主義者，有人把此稱
為「當代西方馬克思主義、社會主義的日益『綠
化』」。必須指出的是，這一時期的生態社會主義
在整個生態運動中已有了舉足輕重的地位。如果
說20世紀60、70年代的生態運動是「萬綠從中一
點紅」，那麼到了70、80年年代，則是「紅綠交
融」，即生態社會主義對生態運動的影響，已和
其它生態理論思潮平起平坐。

　　其三，20世紀90年代以後：生態社會主義的
發展時期。東歐社會主義國家的易幟、蘇聯的解
體，並沒有給生態社會主義帶來多少不利影響，
相反，自20世紀的90年代以來，生態社會主義進
入了一個飛速發展的階段。無論是在理論建樹方
面，還是在實際作用方面，其發展趨勢都超過了
以往任何一個階段。生態社會主義成了西方馬克
思主義中最有影響的一個派別。甚至可以說，生
態社會主義代表了當代馬克思主義的演變方面。
義大利理論家盧西那・卡斯特林那就這樣說道，
生態社會主義「無疑代表了我們這個世紀（指20
世紀──引者注）的最後年月裡馬克思主義發展
的一個新階段」[1]。

　　生態社會主義這一時期理論上的建樹一方面
見之於其從資本主義生產方式與生態危機的聯繫
上對資本主義的系統批判，特別是「生態帝國主
義」概念的提出，使這種批判與對全球化問題的
研究結合在一起；另一方面表現在其全面推出了
生態社會主義的構想，這一構想比起其在20世紀
70、80年年代所提出的生態社會主義的要求，更

為完整、成熟，完全改變了以前還多多少少地接
受生態運動的政治綱領和社會理想的局面。

　　同樣，這一時期的生態社會主義與生態運動
之間也存在著雙向互動的關係，一方面，生態社
會主義在這一時期對生態運動產生著越來越大的
實際影響，另一方面，生態運動對生態社會主義
也產生著更為強大的驅動力。生態社會主義在，
20世紀90年代以來的飛速發展是與生態運動在這
一時期的更深入的展開成正比的。還應注意到，
生態社會主義的迅猛發展又與20世紀90年代以後
在西方世界興起的一場關於社會主義的大討論不
無關係。在這場大討論中，生態社會主義，特別
是其中的生態學的馬克思主義，因其對人類日益
惡化的生態環境的深切關注和對社會主義的獨到
見解，而受到人們的普遍重視。在這一時期，除
了原有的一些生態社會主義繼續比較活躍外，又
湧現了一批新的生態社會主義者，其中具有代表
性的有法國的喬治·拉比卡（G. Labica），英國
的瑞尼爾·格崙德曼和大衛·佩珀等。觀察這一
時期生態學的馬克思主義的發展歷程，一方面我

們可以繼續看到「從紅到綠」、「紅色綠化」的現象，即原有的馬克思主義理論家、共產黨以及其他左派人士紛紛進入生態學領域，甚至與綠色運動結盟，另一方面則還可看到「從綠到紅」、「綠色紅化」的現象，即一些綠色運動的理論家拉近了與馬克思主義的距離，程度不等地接受馬克思主義的基本政治要求和價值觀念，並努力用此來重新解釋其生態理論。

　　而隨著「綠色紅化」現象的出現，在生態運動中「紅色」的地位又進一步增強了，現在已不是「紅綠交融」，即「紅」、「綠」平分秋色的問題，而是呈「紅色」後來者居上的趨勢。

註釋

1. 參見米路斯・尼科利奇編（1989年）：《處在二十一世紀前夜的社會主義兒》，重慶出版社，第58頁。

第一章
高　茲

　　高茲（Andre Gorz, 1924－）既是存在主義的馬克思主義的重要代表人物，又是生態社會主義的主要理論家。

　　高茲於1924年生於奧地利，父親是猶太人，母親是天主教徒。在1939年納粹德國吞併奧地利以後，他移居瑞士。第二次世界大戰結束以後，他又來到法國，從此他就生活在法國。

　　高茲的前半生與沙特及其存在主義緊緊聯繫在一起。早在學校讀書的時候，他就對沙特的著作產生了深厚的興趣。1946年，他在洛桑見到了沙特，那次會見對高茲以後的發展產生

了決定性的影響。沙特對高茲對他的著作如此
熟悉而驚嘆不已，兩人大有相見恨晚之感。從
此，高茲以沙特爲師，沙特也把高茲視爲自己
的得意門生。

　　高茲不但在學術觀點上追隨沙特，而且在
政治上也不斷地向沙特靠攏。20世紀50年代
初，他像沙特一樣在政治上向左轉，即與共產
黨緊密合作。而到了50年代中期的波匈事件以
後，他又與沙特一起疏遠共產黨。

　　眾所周知，沙特是在與共產黨脫離關係以
後才開始從事馬克思主義與存在主義的「綜
合」，成爲一個存在主義的馬克思主義者的。高
茲也一樣，他也幾乎是在與共產黨不發生關係
以後，逐漸地對馬克思主義產生興趣。他一方
面用馬克思主義的觀點去重新反思原先的存在
主義觀點，另一方面又致力於從存在主義的立
場出發去批評和修正馬克思主義。

　　1961年，高茲就任沙特和梅洛‧龐蒂等人
創辦的《現代》雜誌的政治編輯。1968年法國
爆發「五月風暴」，高茲與沙特一起，旗幟鮮明

地站在造反學生的陣營，在《世界》雜誌上發表宣言，稱讚學生運動是克服社會異化制度的英勇努力。

在這一段時期，高茲寫下了一系列體現存在主義與馬克思主義相結合的著作，其中有：《賣國賊》（1958年，沙特曾為該書作序）、《歷史的精神》（1959年）、《艱難的社會主義》（1961年）、《改良和革命》（1969年）等，而最著名的則是寫於1964年的《勞工戰略》一書。高茲在這部著作中用存在主義的馬克思主義的觀點，對當代無產階級的地位和現狀，以及產生根本社會變革的可能性進行了新的探索，這部著作對當時法國的新左派產生了相當大的影響，法國1968年的「五月風暴」的爆發顯然在相當程度上與這部著作有關。

進入20世紀70年代以後，高茲的思想產生了重大轉折。這倒並不是指他原先的左派立場有了改變，而是說他的研究領域轉移了，這就是轉移到政治生態學領域。他從一個存在主義的馬克思主義者變成一個生態學的馬克思主義

者。他是一個典型的「由紅變綠」的理論家。
1973年，政治生態學的主要雜誌《未開化的人》
創刊了，高茲是這一雜誌的重要撰稿人。

當然，當時轉向政治生態學領域進而成爲
一個生態社會主義者的，也絕非高茲一個人。

但高茲的生態學的馬克思主義有著與眾不
同的特點：

首先，在所有的生態社會主義者中，屬高
茲從生態學的角度對當代資本主義的批判最尖
銳、最具系統。他認定「以經濟增長爲目的」
的當代資本主義是不可能解決日趨嚴重的生態
危機的。而且他的批判具有這樣一個顯著的特
點：把對資本主義社會的批判與對生產力、科
學技術的批判緊緊聯繫在一起。

其次，如此強烈地透過對當代資本主義社
會生態危機的批判來直接論證建立社會主義社
會的必要性的，可能也唯有高茲。他強調，生
態運動必須成爲一個更廣泛的鬥爭的一部分，
而絕不能停留於生態運動本身。基於這樣這一
種觀點，他探討了在「五月風暴」失敗後社會

主義革命的可能性問題，他認為這種可能性就來自於生態危機。在他看來，對當代資本主義社會的生態危機，只能按照民主的、社會主義的方式解決。

最後，與其他的生態社會主義者形成鮮明的對照，高茲不僅從解決生態危機的角度論述了社會主義社會形態建立的必要性和可能性，而且具體、生動地描述了生態社會主義的烏托邦圖景。他關於生態社會主義的構想儘管充滿了烏托邦主義色彩，但對人們產生了強烈的吸引力。

高茲後期著作中最出名的當然是幾部集中論述政治生態學的著作，如《生態學和政治》（1975年）、《生態學與自由》（1977年）、《資本主義、社會主義和生態學》（1991年）等。除此之外，還有幾部著作也極有影響，雖然它們從表面看所論述的是政治生態學以外的問題，但實際上也無不與政治生態學有關，如《勞動分工的批判》（1973年）、《告別無產階級》（1980年）、《通往天堂之路》（1985年）、《經

濟理性批判》（1988年）等。

　　由於我們這裡剖析的是作爲生態社會主義
者的高茲的思想，所以我們也僅限於介紹高茲
的幾部後期著作。

一、《勞動分工的批判》（1973年）

　　高茲認定現代文明社會中所出現的生態危
機、自然危機根源於資本主義的生產方式，而
資本主義的生產方式是與資本主義的分工勞動
聯繫在一起的，這樣，他對現代文明社會的生
態危機、自然危機的分析始於對資本主義勞動
分工的批判。

　　高茲對資本主義勞動分工的批判主要體現
在其1973年出版的《勞動分工的批判》一書
中。《勞動分工的批判》是法文版的原名，英
譯本則改名爲《勞動分工：現代資本主義的勞
動過程和階級鬥爭》。全書分上下兩篇：上篇題
爲「資本主義的勞動過程及階級鬥爭」：下篇

題為「反對資本主義勞動分工的鬥爭」。高茲在
本書中從各個角度剖析了資本主義勞動分工的
危害與危機，並且又從對資本主義勞動分工的
批判追溯到對資本主義社會中技術的批判，特
別是抨擊了「技術中性」論，與此相關，還剖
析了科技勞動者的地位和作用。

（一）資本主義的勞動分工是一切異化的
根源

高茲開宗明義就一針見血地指出：「資本
主義的勞動分工是一切異化的根源」。[1]他首先運
用馬克思在《資本論》中的論述來說明自己的
觀點：資本主義的勞動分工「把工人變成畸形
物，它壓抑工人的多種多樣的生產志趣和生產
才能」，「獨立的農民或手工業者所發揮（雖然
是小規模地）的知識、判斷力和意志」都被資
本主義從工人那裡奪走、加以沒收，並把它們
融入於它的機器、它的勞動組織和它的技術之
中。並且，「……物質生產過程的智力作為別
人的財產和統治工人的力量與工人相對立」。體

力和腦力的這種分離「使人變成局部工人」，它
「……把科學作爲一種獨立的生產能力與勞動分
離開來，並迫使它爲資本主義服務」[2]。

　　高茲還透過考察實施他的工人自治方案的
障礙來論證他的結論。他認爲，工人自治最直
接的目標就是實現權力分散和自主，但就是資
本主義的勞動分工使這兩人目標落空。在一個
工廠裡，腦力勞動和體力勞動的分工，就使廢
除等級制的努力付諸東流。更嚴重的是，資本
主義的勞動分工使工廠由一個獨立地生產商品
的經濟單位，變成只是一個和幾百里外的其它
單位融合在一起的生產單位，整個工廠往往只
是生產產品的一個或幾個部分，它依存於幾百
里的另外的工廠，在這種情況下，這個工廠的
工人的自主從何談起。現要實行國際勞動分
工，所謂國際分工就是生產的專業化和決策的
集權化，這就從根本上決定了權力分散和自主
的不可能。

　　高茲還指出，從資本的觀點來看，強迫勞
動導源於勞動分工。資本家爲了實現追逐利潤

的目的，必然要實施勞動分工，而這一目的與工人總是衝突的。古典資本主義時期是這樣，現代資本主義時期也是這樣。與勞動分工聯繫在一起的工業資本總是意味著專制、暴力。工業資本的本性決定了對工人的勞動實施嚴格的分工，進而強迫從工人那裡獲得最大限度的產出。在資本主義的工廠裡允許所有者對全部有效勞動生產出來的產品取得所有權和控制權，資本主義的勞動分工因此而獲得發展。工人必然強烈地抵制這種不平行，同時也抵制這種勞動分工，所以在資本主義的生產目的不可能改變的情況下，只能強制推行這種勞動分工，即只能對工人的勞動實行強制。只要工業資本存在一天，資本主義的勞動分工也存在一天，對工人的強制也就必然存在一天。從這一意義上說，「工廠暴政和工業資本自身一樣古老」。

顯然，高茲是把對資本主義的勞動分工的批判是與資本主義生產目的的批判聯繫在一起的。他認為，勞動專門化，體力勞動與腦力勞動的分離，菁英們對科學的壟斷，工廠的規模

的日益擴大，都不僅是出於更有效地進行生產
的需要，而主要是爲了讓資本主義的統治長治
久安。欲問爲什麼要實施勞動分工，全部的原
因就在於能使資本增值這一資本主義的生產目
的。這一目的到了工人那裡，只有對其實施強
制性的分工才能得以實現。工人的勞動服從於
勞動工具的統一的動作，形成一種兵營式的秩
序。這種秩序在工廠裡周密地安排爲一種完善
的制度，它充分地發展了對工人的監督。

　　高茲進而指出，如果發生向共產主義的轉
變，即改變僅僅是能使資本自身增值這種生產
目的，那必然是用自願合作代替等級制度的分
工，體力勞動和腦力勞動重新統一。高茲的這
部著作形成於中國的文化大革命期間，可能受
當時的中國的一些錯誤宣傳的影響，他竟然把
中國當時的勞動形式視爲用自願合作代替等級
制度分工的典型事例。他指出，中國正在發生
的事實證明，複雜而嚴密的勞動分工、對先進
的機器的使用，並不比成隊的男人和女人自願
地聯合在一起，使用那些被他們自身所熟練運

用的簡單工具更有效率。

　　把異化與勞動分工聯繫在一起，是馬克思主義的一個基本觀點。高茲基於資本主義的最新發展的現實，重新強調了這一點，而且他針對當代人的一些模糊認識，反覆強調了當代資本主義強制性的勞動分工是與資本主義的生產目的聯繫在一起。

（二）資本主義的技術史可以讀作直接生　　產者地位下降的歷史

　　高茲把資本主義的勞動分工說成是一切異化的根源，而又把資本主義的技術視爲實施資本主義的勞動分工的緣由。這樣，他又很自然地從對資本主義的勞動分工的批判延伸爲對資本主義的技術的批判。

　　高茲明確地指出：「從整體上說，資本主義的技術史可以讀作直接生產者地位下降的歷史。」[3]他認爲，儘管這種地位的下降並不是直線的，但整體趨勢就是這樣。具體地說，他主要從以下兩個方面來說明這種地位的下降：

　　其一，從隨著技術的發展，生產者與機器
的關係的變化來說明。他說，「極大多數原先
富有地位的生產工人的職業技藝被劃分給那種
已接近於專業化的自動化。他們所握有的控制
權力，進而也是控制生產過程的權力，被轉移
給作為一種非人為的專業功能。自動化的力量
完全貫徹於這一過程之中。伴隨機械化（這種
機械化使生產任務地位下降和陷於分裂）的
是，自動化使控制本身也地位下降和陷於分
裂。在機械化已經處置了生產者的所有的控制
權力並且把這些權力轉移給專門的代理者以
後，自動化也把控制的功能轉移給了機器，機
器如今控制了它們先前的監督者。」[4]在他看
來，技術越是發展，機械化、自動化的程度也
越高，相對地直接生產者也越來越從屬於機
器，而不是機器從屬於人。人愈發失去了對機
器的統治地位。

　　其二，從隨著技術的發展，生產者所受壓
抑的變化來說明。他說，在資本主義條件下，
技術一方面創造出更高的生產率，另一方面又

使生產者的技能變得毫無用武之地。工人的勞動變成無意義的勞動，進而也被剝奪了自主性。喪失了自主性的勞動毫無樂趣可言。所以，這種勞動所蘊含的是對生產者的極大的壓抑。資本主義技術的本性決定了它必然是與直接生產者的受壓抑聯繫在一起的。他說道：「……正是工廠的技術，強迫實施某種勞動的技術分工，這種技術分工轉而要求有某種服從的模式，等級制度和專制統治。因此，技術明顯地是工廠裡一切事情的母體和最終根源。」[5]高茲在這裡不僅指出了技術是工廠裡一切不幸事情的最終根源，而且論述了技術的發展是與工人所壓抑的增加成正比的。

高茲所說的資本主義的技術，既包括生產技術，也包括統治技術。他在批判資本主義的技術時，著重揭示了「技術中性論」的錯誤。他說：「實際情形是，『亞洲共產主義運動』的推進和歐洲生產流水線上工人的造反突然使這樣一個神話破滅，我們社會的特權和權力正是建立在這一神話的基礎之上，這一神話就

是：科學技術是『中性的』，它們既沒有階級內
容又沒有階級烙印，它們不是出於資本累積的
需要而完全是從『客觀需要』出發來引入勞動
分工的。」[6]高茲在這裡把「技術中性」論視為
特權和權力賴以建立的神話。

　　那麼，為什麼「技術中性」論是錯誤的
呢？他說：「一直到今天，極大多數的馬克思
主義者仍然認為生產力，特別是科學技術，作
為意識形態是中性的，他們把這些生產力的發
展視為天生是積極的。」[7]在他看來，強調科學
技術是中性觀點的主要錯誤在於，看不到科學
技術並不是獨立於占統治地位的意識形態之外
的，它們服從於生產過程，並且被融合於其
中，它們永遠以資本主義生產為標誌。他認
為，所謂科學技術意識形態就是資產階級意識
形態，科學技術的文化和技能，清楚地打上了
資本主義生產關係的印記，打上了把體力勞動
和腦力勞動分割開來的印記。在資本主義社會
中，科學技術所代表的生產力的發展，是與破
壞力不可分割地聯繫在一起的。

他進而指出，正因爲科學技術對社會並不是中性的，所以那種認爲科學技術在資本主義社會中產生消極的社會作用是由於對科學技術加以資本主義式的應用的觀點也站不住腳。科學技術在資本主義社會中深深地被資產階級使用科學技術的目的、被它們在資本主義內發揮其職能所限制。他不同意把機器和對機器的資本主義使用嚴格區別開來。在他看來，只要資本主義的技術仍然存在，即使改變了資本主義的生產關係，那也絲毫改變不了工人受壓抑的狀況。他說：「只要物質母體仍未改變，那對於工廠的『集體占有』，就純粹只是法律上所有權的抽象轉移，這種轉移永遠不能終止工人的受壓抑和屈服的狀況。」[8]高茲強調，資本主義社會中的異化有其深刻的原因，「物質母體」──科學技術本身就是一個重要因素。

高茲把資本主義社會中的異化，和資本主義的勞動分工，進而與資本主義的技術聯繫在一起分析，揭示出現代資本主義社會中的直接勞動者並沒有隨著資本主義的技術的發展而改

變其受壓抑的狀況，是一種非常深刻的見解。

（三）科技勞動者是被神秘化的工人

　　高茲在探討資本主義的勞動分工以及資本主義的技術的作用與社會功能的過程中，相對地分析了科技勞動者的社會地位和階級屬性的問題。與對資本主義的技術持強烈的否定態度相一致，他極力反對高科技勞動者，反對把科技勞動者視為工人階級的一部分。

　　他說：「我們可以斷言，他們（指科技勞動者——引者注）是被神秘化了的工人，他們的等級制的特權維持著這種神秘化。」[9]這裡，高茲把科技勞動者定義為「神秘化的工人」，而且認為正是其等級制的特權在維持著這種神秘化。

　　那麼為什麼說科技勞動者是「神秘化的工人」呢？他們究竟「神秘」在什麼地方呢？他們與體力勞動者區別在哪裡呢？請看他的一段論述：「……即使把產業中的科技勞動者視為被剝削、被異化的生產性的勞動者似乎是正確

的話，那麼認為他們純粹是工人階級的一個組成部分，卻是錯誤的。雖然下述說法千真萬確：他們所造就的科學技術是與其相異化的，是屬於資本的、層面上的，是作為一種其無法加以控制異化的力量與其相面對的，但是下述說法也言之成理：從工人階級的觀點來看，科學技術是剝削和榨取剩餘價值的手段。換句話說，科技勞動者與資本之間有著一種工人階級與之不可能具有的那種關係。只要科技勞動與體力勞動還是平行的，但卻又是分開地完成著，那麼，千真萬確的是，科技勞動者就還是在生產著其他勞動者因之而受剝削和壓迫的手段，必然被其他勞動者視為資本的代理人。反之，體力勞動者並不生產科技勞動者因之而剝削的手段。所以，就科技勞動者與體力勞動者之間的直接關係而言，這種關係並不是一種交互的關係，而是一種等級制的關係。」[10]從高茲的這段話中可以知道，科技勞動者的「神秘化」指的是他們所造就的科學技術與資本有著不可分割的聯繫，他們不斷地生產著其他勞動者因

之而受剝削、受壓迫的手段，這正是科技勞動
者與體力勞動者的區別所在，也是之所以不能
把他們歸立於工人階級的主要緣由。

　　高茲認為，就科技勞動者與體力勞動者的
關係而言，通常有兩種情況：其一，科技勞動
者在生產過程中占有支配的地位，他們在指
揮、組織、監督體力勞動者，這些體力勞動者
儘管也掌握著生產的技能，但在生產過程的等
級制中，地位十分低下，必須服從於科技勞動
者；其二，科技勞動者在生產過程中從事的也
只是一些日常的、重複性的勞動，他們與同一
生產過程中的體力勞動者平起平坐，沒有絕對
的支配權和控制權。在高茲看來，一些人之所
以誤認為科技勞動者的階級屬性已與體力勞動
者沒有多少差別了，可以將他們認定為「新工
人階級」了，關鍵在於只注意到了第二種情
況，而忽視了第一種情況的存在。但實際上，
大量存在的是第一種情況。

　　高茲把科技勞動者排斥於工人階級之外，
但實際情況是，目前西方大量的罷工和造反不

但有科？技勞動者參加，而且往往是由他們發起和領導的，那麼究竟如何來看待這一現象呢？高茲認為，儘管這些科技勞動者在罷工和造反中提出了與體力勞動者大致相同的問題，如廢除等級制等，但不能就此作出斷言，這是他們「跳躍到無產階級意識的標誌」。他這樣說道，「科技勞動者的造反通常帶有深深的歧義性：他們往往不是作為無產階級，而是為了反對被當作無產階級對待而起來造反的。他們反對的是等級制組織、他們工作的局部化和無意義，反對的是他們社會特權的部分或全部的喪失。」[11]高茲指出，從表面看，在這一點上，科技勞動者與無產階級的造反並沒有多少差別，因為「覺醒了的無產階級的鬥爭也正是為了反對成為無產階級」。可實際上兩者之間有著天壤之別。關鍵在於，怎樣鬥爭和為了什麼而鬥爭？具有階級意識的無產階級能夠認識到，他們的鬥爭只是為了整個階級的解放，為了改變整個社會關係的制度。「而在一般情況下，科技勞動者並沒有這樣的鬥爭目標。他們反對等級

制和權威的鬥爭，通常只是維護其曾經作為職業的『中產階級』成員而享受特權的一個組成部分。他們拒絕使自己（並且只是為了其自身）無產階級化，同時確信能避免這一厄運，因為他們認為自己與工人是有區別的。所以，他們的鬥爭就其性質而言實際上是反對壟斷主義而不是反對資本主義，這就是這一鬥爭的歧義性所在。」[12]

　　科技勞動者在今天已成為工人階級的一個重要組成部分，這一點為當今許多研究者所確認，就是高茲本人在早期（如在1963年出版的《勞工戰略》一節中）也曾與馬勒等人一起，極力宣揚「新工人階級論」，把科技勞動者引入工人階級之中。但事隔十餘年，可能出於對資本主義的技術和勞動分工批判的需要，他又千方百計地論證科技勞動者與體力勞動者的本質區別，貶低科技勞動者在革命鬥爭中的地位，否定其工人階級的階級屬性。儘管這一論證不乏使人啟發之處，但整體來說屬一面之詞。

二、《生態學和政治》(1975年)

高兹在1975年出版了《生態學和政治》一書。《生態學和政治》是法文版的原名，英譯本則改名爲《作爲政治學的生態學》。全書共分四章，依次是：〈生態學和自由〉、〈生態學和社會〉、〈工具的邏輯〉、〈醫術、健康和社會〉。這部著作的出版，標誌著他從一個存在主義的馬克思主義者轉變成一個生態學的馬克思主義者，這部著作也確立了他在生態學馬克思主義中主要代表人物的地位。這部著作不但是生態社會主義，而且也是現代西方政治生態學的奠基性著作。我們了解生態社會主義和政治生態學的基本觀點，必須從這部著作入手。

(一) 政治生態學的基本涵義

政治生態學，是近年來西方較爲流行的一種理論，也是生態學的馬克思主義的重要觀點之一。正是高兹在本書中爲政治生態學奠定了

基本理論架構。

　　高茲指出，原先人們總把生態學看成與生產與經濟活動無關的學科。後來，人們則把生態學納入經濟學的範疇，把它視爲保證經濟活動正常進行而應予考慮的經濟學的一門分支。他說：「隨著經濟活動不斷地對環境造成了傷害，而這樣做的時候，經濟活動的追求也危及到了自身，深深地改變了它的存在條件，生態學就不再是一門獨立的學科了。生態學開始關注經濟活動必須尊重外在的約束力，以使這種經濟活動不至於產生與自身的宗旨相違背，與自身的持續發展相左的後果。」[13]

　　高茲進而指出，從生產和經濟活動的角度來研究生態問題，使生態學變成一門特殊的經濟學，反映出生態學這門學科的深化。但是，這遠不能實現現代人對生態學這門學科的期待。關鍵在於，生態學應具有單純把它視爲經濟學所無法包容的涵義。他說：「從經濟理性中是無法衍生出倫理原則來的，馬克思最早看出了這一點。」[14]當然，即使把生態學納入經濟

學的範疇，也不能從中衍生出倫理原則來。既
然如此，生態學還須突破經濟學的界限，探索
一種與經濟理性並不完全一致的生態理性。他
說：「為了理解和克服這些『反生產性』，人們
必須與這種經濟理性決裂。生態學應該做的
是：向我們揭示如何在物質生產的界限中縮減
而不是在物質生產中增長，合理地應付貧乏和
疾病，合理地應付工業文明的梗阻和死結。它
應證明，保護自然資源要比利用自然資源，維
護自然循環要比干涉自然循環，更有效和更具
『生產性』。」[15]

　　在高茲看來，要使生態學完成這樣一種使
命，就應使它走近政治學，建立起生態學與政
治學之間的某種聯繫，揭示生態學和生態問題
所蘊涵的社會政治意義。一但這樣做了以後，
也就是說一但使生態學成了一門政治生態學以
後，其反對技術法西斯主義、現代資本主義的
功能就將充分展示。他這樣說道：「生態學作
為一門純粹的科學學科，它並不意味著是必然
要抵制獨裁主義的、技術法西斯主義的解決方

法。對技術法西斯主義的抵制並不是產生於對
自然平衡的科學的理解,而是產生於政治和文
化的選擇。……應該把生態學用來作為推進我
們對文明的社會展開激烈批判的槓桿。」[16]

高茲強調,不能把政治生態學解釋成是政
治學的一個分支,因為這樣做只是狹義地把握
生態學原有的涵義,沒有給政治學增加任何新
的內涵;也不能把政治生態學解釋成是生態學
的一個分支,因為這樣做過分地擴大了生態學
對政治學的影響範圍,而仍然局限於生態主義
的觀點。這兩種做法共同的地方是都沒有真正
建立起政治學與生態學的內在聯繫。他認為,
政治生態學把「人與自然的新陳代謝」視為生
態學與政治學之間有機聯繫的真正仲介,進而
也把「人與自然的新陳代謝」作為自己的對象
領域。這種新陳代謝既可以從自然方面分析,
也可以從社會方面分析。從自然方面分析這種
新陳代謝,可以看到它是由支配各種物質過程
的自然規律支配的;而從社會方面加以分析,
則可以看到它是由支配勞動分工和財富分配的

制度化規範支配的。前者支配因素可歸於生態
學方面，後者則可以歸於政治學方面，而兩者
的結合力及其相互作用構成了政治生態學的領
域。他還指出，政治生態學，作爲政治學，當
然注重對人的剝削關係的剖析，但作爲政治生
態學，它則在更廣泛的對自然的剝奪這一背景
下來剖析人的剝削關係。這就是說，政治生態
學不僅對人的剝削關係作批判，而且也對盤剝
自然的批判作爲出發點的。

　　爲什麼說這種政治生態學的觀點是馬克思
主義的呢？在高茲看來，其主要理由在於這種
觀點在一定程度上來源於馬克思，特別是來源
於馬克思關於人與自然的新陳代謝的社會理
論。馬克思論述人與自然的新陳代謝的兩個基
本範疇，即在生產過程中人與自然之間的物質
和能量的交換──「生產力」範疇，以及支配
人與自然新陳代謝的人與人之間的關係──
「生產關係」範疇，就是政治生態學的基本架
構。但他同時又指出，馬克思的理論只是政治
生態學一個不可缺少的理論來源，不足以成爲

政治生態學全部理論的基礎。實際上，建立政治生態學理論基礎的過程，就是創造性地發展馬克思主義的過程。例如，在建立政治生態學的理論基礎時，除了運用上述兩個範疇之外，還須引進第三個範疇，即從自然方面支配新陳代謝的人的和非人的自然限制——「自然條件」，這第三個範疇的引進，就是對馬克思主義的重大發展。

不可否認，高茲對政治生態學的建立作出了重大的貢獻。他把生態問題與社會政治問題聯繫在一起加以研究的思想，被許多研究者所肯定與效仿。

（二）資本主義的利潤動機必然破壞生態環境

高茲以他所主張的政治生態學觀點來分析當今的生態問題，得出的基本結論是：資本主義的利潤動機必然破壞生態環境，資本主義的「生產邏輯」無法解決生態問題，以及與這些生態問題緊密相連的、全面的社會危機。

　　高茲指出，每一個企業都是自然資源、生產工具和勞動力等要素的聯合體。「在資本主義的生產條件下，把這些要素聯合在一起就能生產出最大限度的利潤」，「任何一個企業都對獲取利潤感到興趣。在這種情況下，資本家會以最大限度地去控制自然資源，最大限度地增加投資，以便自己作爲強者存在於世界市場上」[17]。他強調，追求利潤這一動機與生態環境必然是相衝突的，利潤動機必然驅使人們破壞生態環境。

　　他具體地分析說：「資本主義的企業管理首要關注的並不是如何透過實現生產與自然相平衡、生產與人的生活相協調，如何確保所生產的產品僅僅服務於公衆爲其自身所選擇的目標，來使勞動變得更加愉快。它所關注的主要是花最少量的成本而生產出最大限度的交換價值。」[18]把降低成本看得比保護生態環境更加重要，這就是資本主義的「生產邏輯」。

　　高茲也注意到了在當今資本主義社會中，一些企業也在重視環境保護的工作。於是他特

地對此作了剖析。在他看來，分析這一現象時
必須充分估計到以下兩點：第一，這是不得已
而爲之；第二，這種環境保護的工作是十分有
限的。他說，目前在一些發達資本主義的地
區，人群的擁擠，空氣和水的污染已經到達這
樣一個極點，即要使工廠在那裡繼續進行生產
並增長時間，必須處理它的有害氣體和工業廢
水。也就是說，工廠必須重新塑造適合於進行
生產的環境和自然資源，這些從前被視爲是自
然的一部分，可以任意取用的一部分。可見資
本主義社會的企業重視環境保護的動機還是出
於能確保增加利潤的需要。問題在於，治理污
染的裝置儘管十分必要，但須大量增加固定資
產的投資，這又與其贏利的目的相矛盾。「總
之，在固定資產、資本投入（資本的『有機構
成』）劇烈增加，進而也是產品成本劇烈增加的
同時，銷售價格卻沒有相對地跟上去。兩者必
選其一：或者利潤率下降，或者產品價格提
高。」[19]當然，在資本主義制度下，唯一的選擇
就是「提高價格」，而這將陷入新的惡性循環之

中。高茲最後得出的結論是：「生態的限制集
合在一起終將導致以下結局：價格上升趨勢超
過工資上升勢頭，購買力下降，也就是說，控
制污染的費用減少了購買消費品的個人收入。」
[20]而這隱含著的是窮人相對來說變得更貧窮，富
人變得更富裕，不平等加劇了，各種社會問題
更是層出不窮。

　　高茲認為，正因為資本主義的利潤動機必
然破壞生態環境，所以生態運動必然要與資本
主義的利潤動機發生衝突，因此，生態運動要
順利地發展下去，所面對的是整個資本主義制
度，從這一意義上說，「生態運動是巨大的鬥
爭場所」。他不但指出了圍繞著生態運動鬥爭的
嚴重性，而且分析了目前這一鬥爭的焦點之所
在。他認為焦點就在於資本主義社會的統治者
企圖在轉嫁和治理生態危機中獲得私利，而生
態運動必須衝破這一功利主義。擺在我們面前
的現實是：當資本主義用盡了每一種高壓統治
和欺騙的辦法以後，開始按照自己的道路從生
態學的死胡同中走出來，它把生態學的需要當

作技術的強制加以吸收，同時使它們適合於剝削的條件。在資本主義制度下，保護生態環境費用所產生的利益已成為與絕大多數人無關而與有特權的人所享有的一種奢侈品。鑑於這種情況，高茲向致力於生態運動的人們提出了這麼一個重大問題：是資本主義適應生態學的強制呢？還是一場社會的、經濟的和文化的革命來廢除資本主義的強制，進而在個人與社會、人與自然之間建立起一種新的關係？高茲認為，對這一問題不能作出正確的回答，生態運動便會步入歧途。

高茲用其特定的語言分析了資本主義社會的生態危機根源於資本主義生產的利潤動機。他不但正確地指出了伴隨生態運動的除了人與自然的鬥爭之外，還有人與人的鬥爭，而且鮮明地揭示了鬥爭的焦點所在。關於資本主義社會的統治者企圖在轉嫁和治理生態危機中得取利益的警告是非常有針對性的。

(三) 資本主義的危機從本質上說就是生態危機

高茲指出，在當代資本主義社會中存在著各種各樣的危機，只要仔細分析一下就不難看出，所有這些危機都是與生態問題有關，或者說都源自於生態危機。

他認為，在當今資本主義社會中，「生產也就是破壞」[21]，即任何生產過程都是與生態系統的破壞不可分割地聯繫在一起的。在這種情況下，要認清資本主義社會的危機，就不能把生態因素撇在一旁，即離開了生態因素，就無法探索資本主義社會的各種危機。他說，在當今資本主義社會中，「所有文化都在盤剝自然和更改生命圈」，只要明確了這一點，就可知曉，「毫無疑問，生態因素在當今的經濟危機中起著決定性和咄咄逼人的作用」，資本主義社會的各種危機，「均被生態危機所激化」，正是在這一意義上，可以說資本主義的危機從本質上說就是生態危機。[22]

　　高茲具體分析了資本主義社會中過度累積危機、再生產危機以及生態危機三者的關係，以說明生態危機是資本主義社會一切危機的最終根源。他首先把過度累積的危機歸結為再生產的危機。他說道：「資本主義在其『發達資本主義』階段，其發展主要依靠的是用機器取代工人，用死勞動取代活勞動。……但機器是損耗性地進行生產的；而這些機器所呈現的資本投資又必須得到回報，這就意味著：投資者期望得到遠多於裝置所損耗掉的回報。只要機器用來生產剩餘價值（透過操縱機器的工人的仲介），機器就是資本。資本的邏輯就是不斷地追求增長。」[23]高茲從這一論點出發，進一步論述說，資本主義過度累積的危機能否得到遏止，就取決於能否有效地組織再生產。「這就是富裕社會累積的性質。」[24]但實際情況是資本主義社會是不可能組織有效的再生產。為什麼不能呢？於是高茲從再生產的危機追溯到生態的危機。高茲從以下兩個層次上說明當代資本主義社會中的再生產危機以消耗和破壞資源為

前提，進而再生產危機也是與生態危機密切相連不可分：其一，爲了逃避過度累積危機，再生產越來越變爲浪費性的，即破壞性的。「它加速破壞了以此爲基礎不可再生的資源：它過度消費的是那些基本上不可再生的資源，如空氣、水、森林、石油等，它以相當快的速度使這些資源趨於匱乏。」[25]其二，面對著被掠奪的資源的枯竭，工業採取各種極端的措施，「企圖透過進一步擴大生產來克服由擴大生產所帶來的匱乏」，「但是這種由擴大生產而形成的產品並沒有爲最終的消費增添了什麼，它們被工業自身消費掉了。」[26]最後，他對這三種危機之間的關係歸納說：「我們所面對的是典型的過度累積的危機，這種危機被再生產危機所加劇，說到最後再生產危機最終又根源於自然資源的匱乏。」[27]

　　高茲還指出，把包括過度累積危機、再生產危機、生態危機在內的當代資本主義社會的所有危機連成一體的是資本主義的這樣一個規律：資本主義使未滿足需要的增長超過它能滿

足需要的增長。他提出，當代資本主義社會中
經濟增長的主流是被一種不平等制度刺激起來
的綜合過程。本來，經濟增長爲滿足人的需要
創造了條件，但由於這種經濟增長是與不平等
的制度聯繫在一起的，所以這種滿足也是相對
的、有條件的。從表面上看，這種經濟增長的
結果使大多數人能夠很快享受到那些迄今只爲
菁英們獨占的特權，這種特權（如高等學校的
文憑、小轎車等）因此而貶值，貧困線所表示
的生活水準提高了一個等級。如果進一步觀
察，那就不難發現，當這種原有的特權被相對
滿足的同時，新的特權又從那些被大多數人排
擠在外的地方創造出來。這就是說，資本主義
的經濟增長在滿足原有的特權的同時必然是創
造出新的特權，在滿足原有的需求的同時必然
創造出新的需求。資本主義的經濟增長不是消
滅而是無休止地在製造匱乏，而其目的在於重
新創造不平等與等級制度。由此出發，他得出
結論：資本主義使未滿足需要的增長超過它所
能滿足需求的增長。

　　儘管高茲把當代資本主義社會中的生態危
機視爲這一社會其它危機的最終根源，提出資
本主義社會中所有危機本質上是生態危機，並
不可取，但是，他把生態危機與其它危機聯繫
在一起進行思考，還是給人諸多啓示。而他對
資本主義使未滿足需要的增長超過它所能滿足
需要的增長的揭示，則從另一個方面深刻地批
判了資本主義制度的實質。

（四）核技術代表一種獨裁主義的政治選　　　擇

　　高茲在《勞動分工的批判》一書中透過批
判「技術中性」論，把資本主義異化的根源歸
結於資本主義的技術。在本書中他進一步地闡
述了這一觀點。

　　高茲在這裡明確提出，技術本身是可分
的，即可以分爲「以資本主義生產邏輯爲標誌
的技術」和「溫和的技術」、「後工業的技
術」。前者建立在對工人和自然進行合理性統治
的基礎之上。核技術就代表一種獨裁主義的政

治選擇。「核技術預示著和決定著一個集權的、等級森嚴的和警察統治的社會。」[28]應用核能源時所使用的是一種高度集中的技術，它導致把決定權集中於少數人手中，核力量本身就要求對人民實行嚴厲的控制。他藉用他人的話說道：「全核社會是一個充滿警察的社會。……建立在這樣一種能量選擇的基礎上的社會，那怕是最起碼的自主權，老百姓也不可能具有。」[29]高茲把此稱爲「核技術法西斯主義」。他認爲後一種技術拋棄統治，趨向於促使個人間以及個人與自然之間的融合，尊重勞動者和自然。日光、潮汐、風力和生物能這樣的一些可以再生的資源，應用它們時所使用的就是分散型的技術，它們服從於大家的控制，人們不能出賣它們，它們也不產生利潤。這些可再生的資源技術是潛在地反資本主義和民主的，它們的存在是實現人類解放的必要前提。

　　在區分兩種不同的技術的基礎上，高茲進一步說道：「社會選擇正以技術選擇爲藉口而強加於我們。這些技術選擇正赤裸裸地成爲唯

一的、可能的選擇，而不是必要的、最有效的
選擇。對資本主義來說，它只致力於發展這樣
一些技術，這些技術與其發展的邏輯相一致，
符合它的繼續統治。它要消除那些不能強化現
存的、社會關係的技術，哪怕這些技術對其所
宣稱的目標也具有較多的合理性。資本主義的
生產和交換關係已經銘刻在由資本主義饋贈給
我們的技術之中。」[30]高茲的這段話包含三層涵
義：其一，在當今的時代，所謂社會選擇實際
上就是技術選擇，也就是說，選擇什麼樣的社
會就是選擇什麼樣的技術；其二，資本主義社
會正使這種技術選擇成為唯一性的選擇，即只
選擇有利於資本主義統治的技術；其二，目前
資本主義的生產和交換關係已浸透在資本主義
的統治者所強加給這一社會的技術，即資本主
義技術之中。

　　基於這些認識，高茲明確地指出，展開生
態運動主要不在於停止經濟增長，限制消費，
而在於如何選擇技術。他認為，在當今的形勢
下，改變技術就是改變社會，生態運動必須改

變現存的社會，而改變現存的社會又必須從改
變技術入手。他說：「為著不同的、技術的鬥
爭是為一個不同的、社會的鬥爭的核心。國家
的結構和性質在很大程度上取決於它所運用技
術的性質和力度。……工具的轉換是社會轉換
的基本前提。」[31]

那麼，在生態運動中究竟如何轉換技術
呢？對此，高茲提出了如下四點要求：其一，
在群體的層面上使用和控制技術，也就是說要
實施對技術的集體使用和控制；其二，技術的
運用有助於促進經濟自主性；其三，技術的運
用不能對環境造成傷害；其四，技術的運用有
利於生產者和消費者對產品和生產過程共同行
使控制權。

高茲認為，當一種新的技術運用之時，也
就是新的社會主義制度建立之日。社會主義有
著與資本主義不同的技術選擇與技術原則。他
說：「倘若社會主義運用與資本主義一樣的工
具的話，那它與資本主義就沒有什麼區別了。」
[32]

高茲在把技術區分為資本主義的技術和社
會主義的技術，並進而提出運用不同的技術決
定形成不同的社會制度，而建立新的社會制度
全然取決於運用與資本主義不同的技術，這是
一種典型的技術決定論。但他提醒人們注意在
展開生態運動時不能忽視對技術的運用這一
點，還是給人以啟示。

三、《經濟理性批判》（1988年）

高茲把當代資本主義社會中的生態危機歸
結於資本主義的利潤動機。資本主義的利潤動
機屬資本主義的經濟理性（economic reason）
的範疇。這樣，他又從對資本主義利潤動機的
批判延伸為對資本主義經濟理性的批判，這是
從較抽象的哲學層面上來探討資本主義生態危
機的根源。其代表作就是發表於1988年的《經
濟理性批判》一書。該書正文共設三篇，分別
是：〈勞動的變質〉；〈經濟理性批判〉；

〈定位與建議〉，以及附錄。

（一） 當前的危機是一種什麼樣的危機

　　高茲在本書「導論」的一開頭就寫下了這麼一段話：「我們當今所經歷的並不是現代性的危機。我們當今所面臨的是需要對現代化的前提加以現代化。當今的危機並不是理性的危機，而是合理化的（日益明顯的）不合理動機的危機，正如被變本加厲地所追逐的那樣。當前的危機並不意味著現代化的過程已經走到了盡頭，而我們必須走回頭路。倒不如說具有這樣一層涵義：需要對現代性本身加以現代化，需要反身性地將現代化本身納入其自身的行為領域，即將合理性本身加以合理化。」[33]

　　當今各種各樣的後現代主義思潮都認為現代性出現了危機。高茲的這段話主要是針對後現代主義對現代性本身的批判的。在他看來，當前的危機不是現代性本身的危機，也不是理性的危機，這種危機並不意味著現代化已走到了盡頭，而必須沿著原路走回去。他強調當前

的危機是在合理化過程中那種「不合理動機」
的危機，也就是說，問題不是出在現代化、合
理化本身，而是出在支配現代化、合理化的那
種「不合理的動機」。基於這一認識，他提出，
現在需要做的是將現代化本身加以現代化，將
合理化本身加以合理化，而不是將現代化倒回
去，返回到前現代化去，而是進一步推進、完
善現代化。

　　他進一步指出，確實，倘若我們將現代化
定義爲生活領域的文化演變，以及與這些領域
相應的活動世俗化，那麼，這一過程遠沒有完
成。現代化的過程創造了自己的神話，維護著
一種新的信條，這一信條被理性的探詢和合理
化的批判所遮蓋著。業已確立的現代化的界限
已經變得可以輕而易舉地被突破。「『後現代主
義者』所說的標誌著現代化性終結的東西，以
及所謂理性的危機，實際上是那種選擇性的、
片面的合理化，即我們稱之爲工業主義的東西
賴以確立的準宗教的非理性內容的危機。」[34]高
茲在這裡再次強調現代化的過程並沒有完成，

而業已確立的現代化界限正被不斷突破。危機
的不是現代化性本身，而是其準宗教的非理性
的內容。

高茲認爲，如果堅持當前的危機就是現代
性危機的觀點，那麼我們就必然處於對過去懷
舊的傷感之中，而不能賦予那些引起我們過去
信仰崩潰的變革新的涵義和方向，從而也就不
能從危機中走出來。

看來在高茲那裡，關鍵在於如何將現代化
本身加以現代化，將合理化本身加以合理化。
那麼究竟如何做到這一點呢？高茲認爲，這就
要改變現代化的觀念，即那種把現代化視爲是
沒有界限的、可以漫無邊際地加以突破的舊觀
念。他說，「我希望證明現代化只有本體論和
存在論的界限，證明這些界限只有僞合理化、
非理性的手段才能加以突破，而正是這種僞合
理化、非理性的手段，使合理化走向了反面」，
「這裡我的主要目的之一就是給我們能加以合理
化的領域劃定界限」。[35]所謂劃定界限，就是確
立在現代化、合理化過程中哪些是可以做的，

哪些是不可以做的，而不像現在那樣什麼都可
以做。

　　高茲反對把當前的危機當成是一種現代化
本身引起的危機，而認為是現代化過程中的非
理性動機造成的危機，並在此基礎上又反對籠
絡地否定現代化，而主張給現代化劃定界限，
這是一種真知灼見。

（二）何謂經濟理性

　　高茲認為，要給現代化確立一個界限，必
須考察經濟理性在當代資本主義社會中的運作
情況，因為在資本主義社會中的現代化進程是
與經濟理性的運作聯繫在一起的。那麼何謂經
濟理性呢？

　　請看他的一段論述：「計算機化和機器人
具有一種經濟的合理性，確切地說，它以盡可
能有效地使用生產因素的經濟慾求為主要特
徵。……這種合理性的目的就在於使這些『因
素』經濟化，它要求用簡單的度量衡單位對這
些要素的安排能夠加以衡量、計算和計畫，並

且能夠表述它們，而不管這些要素是什麼樣
的。這一度量衡單位就是『單位耗費』，這種耗
費本身就是勞動時間（工作的小時）的一種功
能，而勞動時間又體現在產品和用來生產產品
的手段（廣義地說即是資本，它是累積起來的
勞動）之中。從經濟合理性的觀點來看，由於
所使用的手段日益有效而在全社會性的範圍內
節省下來的工作時間構成了這樣一種工作時
間，它可以用來生產附加財富。……透過安排
這種被節省下來的勞動時間給予失業者以補
償，其方式或是僱庸這些失業者從事其它經濟
活動，或是付給他們一定報酬讓他們去做那些
以前既不付酬也不被認爲屬於經濟活動範圍的
事。」[36]從他的這段話中我們大致可以知道，他
所說的經濟理性（經濟合理性）以計算和核算
爲基礎，與計算機化和機器人聯繫在一起，把
由於勞動手段的改進所節省下來的勞動時間盡
一切可能加以利用，讓其生產出更多的額外價
值。

　　高茲詳盡地論述了這種經濟理性的形成過

程。我們可以透過考察他對這一過程的論述，進一步把握他所說的經濟理性的涵義。

高茲指出，在前資本主義的傳統社會中，當人們可以自由地決定其需求的程度和工作的程度之時，經濟合理性是並不適用的。他說：「那時，人們為了使其工作控制在一定的限度內，就自發地限制其需求，工作到自認為滿意為止，而這種滿意就是指自認為（所生產的東西）已足夠了。不過，足夠這一範疇則是調節著滿意的程度和勞動本身量之間的平衡。」[37]在那個時代，人們在勞動和生產中所遵循的原則是「夠了就行」（Enough is enough）。人們在自己的一小塊土地上耕耘所獲得的東西，完全是用於滿足自己的家庭、牲畜的需要，即使有時到野地裡或旁人的森林中去砍柴，也只是用作燃料。這就是說，那時人們的行為與其「生活」的時間、運動和節奏相一致。在高茲看來，關鍵在於對「足夠的」這一範疇的了解。他說，在那個時代，「『足夠的』範疇並不是一個經濟的範疇，它是一個文化的和存在論的範疇。說

『夠了就行』是指使用更多的東西未必就能提供更好的服務，更多並不是更好。誠如英國人所言：『知足常樂』（Enough is as good as a feast）」。[38]高茲在這裡強調的是，在傳統社會中，當經濟理性並不占支配地位時，「足夠的」範疇只是一個文化範疇，人們信奉的是「夠了就行」和「知足常樂」。

高茲認為，經濟理性的出現是與資本主義的誕生同步的。當人們學會了計算和核算，即不是為了自己的消費而是為了市場而進行生產之時，經濟理性也就開始起作用了。他說：「經濟合理性發端於計算與核算」，「從我的生產不是為了自己的消費而是為了市場那一刻開始，一切就開始變了」[39]。他還說：「於是，計算和核算就成了具體且合理化的典型形式。它關注的是每單位產品本身所包含的勞動量，而不顧及那種勞動者活生生的感受，即帶給我幸福還是痛苦，不顧及它所要求的成果的性質，不顧及我與所生產的東西之間的感情的和美的關係。……我的活動取決於一種核算功能，而

無須考慮興趣和愛好。」[40]

　　高茲在這裡實際上不僅論述了經濟理性是如何產生的，而且也提出了經濟理性的具體內容。他說：「在經濟理性的指導下，生產必然僅僅是被商品交換所支配，它必然在一個自由的市場上進行交換這一原則所驅使，在這一市場上，被割裂的生產者面對著同樣是被割裂的購買者，它們在競爭中發現自身。」[41]既然在經濟理性的指導下，生產主要是爲了交換，那麼這種生產必然是越多越好。於是，「足夠的」這一範疇就不像在傳統社會中那樣僅僅是一個文化的範疇，而變成了主要是經濟的範疇。其標誌是突破了原來的「夠了就行」的原則，而開始崇尙「越多越好」（The more the better）的原則。高茲說道：「替代『夠了就行』這種體驗，提出了一種用以衡量工作成效的客觀的標準，即利潤的尺度。進而成功不再是一種個人評價的事情，也不是一個『生活品質』的問題，而主要是看所掙的錢和所累積財富的多少。量化的方法確立了一種確信無疑的標準和

等級森嚴的尺度，這種標準和尺度現在已不用
由任何權威、任何規範、任何價值觀念來確
認。效率就是標準，並且透過這一標準來衡量
一個人的水平與效能：更多要比更少好，錢掙
得更多的人要比錢掙得少的人好。」[42]在這一段
文字下面高茲加上了重點符號，因為這一段話
比較完整地表述了經濟理性的涵義。高茲提出
的所謂經濟理性的原則，就是「計算與核算」
的原則、效率至上原則、越多越好原則。

　　從他對經濟理性的涵義的闡述來看，他所
說的經濟理性實際上就是資本主義的生產方
式。馬克思早已對資本主義生產方式的特點作
過淋漓盡致的分析，高茲的論述基本上沒有超
出馬克思的分析的範圍。

（三）經濟理性的危害在哪裡

　　在高茲看來，馬克思對資本主義生產方式
的批判就是對經濟理性的批判。所以他首先以
馬克思的觀點來揭示經濟理性的危害。他說，
在馬克思和恩格斯看來，作為資本主義特徵的

經濟合理性「要掃除所有從經濟的觀點看來是
不合理的價值和目標,而只是留下個人之間的
金錢關係,留下階級關係,留下人與自然之間
的工具關係,進而產生了一個一無所有的工人
——無產者階級,這個階級淪為只是可以無限
地加以交換的勞動力,被剝奪了任何特殊的利
益」[43]。按照馬克思主義的觀點,合理化的過程
「一方面在人與自然之間造就了一種造物主性質
的、創造性的關係,這種關係是機械化的一大
成果;另一方面又賦予這樣一種勞動組織難以
置信的支配生產力的權力,這種勞動組織既行
使勞動又使勞動者失去一切人性味」[44]。「作為
資本主義合理化的一大成果,勞動不再是一種
個人的活動,不再受制於基本的必然性,但也
付出了重大代價,這就是勞動失去了其界限,
勞動不再變成有創造性,不再是對普遍力量的
肯定,它使從事勞動的人非人化」[45]。高茲在這
裡強調,按照馬克思的觀點,經濟理性的危害
可以歸結為一方面使人與人之間的關係變成金
錢關係,另一方面使人與自然之間的關係變成

工具關係，而核心的問題是使勞動者失去人性。

　　高茲說：「哈伯瑪斯曾用『認識──工具合理性（cognitive-instrumental rationality）』來表示技術──科學的、經濟的和管理方法的統一體。」[46]在他看來，哈伯瑪斯所說的「認識──工具合理性」實際上就是經濟理性，於是，他藉用哈伯瑪斯對「認識──工具合理性」的批判進一步剖析經濟理性的危害。他說：「……經濟合理性，作為『認識──工具合理性』的一種特殊形式，它不僅僅擴充到了其並不適合的制度行為，而且使社會的統一、教育和個人的社會化賴以存在的關係結構『殖民化』、異化和支離破碎。哈伯瑪斯就把這種由『經濟──管理的亞制度』發展起來的『勢不可擋』的動因所推動的『殖民化』視為理性，視為由金錢和國家權力所支配的變異的調節。」[47]這樣，高茲根據哈伯瑪斯對「認識──工具合理性」的批判，認為經濟理性的主要危害在於使生活世界「殖民化」。

　　他還具體分析了生活世界「殖民化」的內
容。他說：「我想指出經濟合理性和『認識
——工具合理性』的共同根源，它們的根源就
在於思維的一種（數學的）形式化，把思維編
入技術的程序，使思維孤立於任何反思性的自
我考察的可能性，孤立於活生生體驗的確定
性。種種關係的技術化、異化和貨幣化在這樣
一種思維的技術中有其文化的錨地，這種思維
的運作是在沒有主體的參與下進行的，這種思
維由於沒有主體的參與就無法說明自己。欲知
這種嚴酷的殖民化是如何組織自己的，請看：
它的嚴酷的、功能性的、核算化的和形式化的
關係使活生生的個人面對這個物化的世界成了
陌路人，而這一異化的世界只不過是他們的產
品，與其威力無比的技術發明相伴的則是生活
藝術、交往和自發性的衰落。」[48]從高茲的這段
話中可以知道，他所說的生活世界的「殖民化」
從表層看就是「種種關係的技術化、異化和貨
幣化」，「個人面對這個物化的世界成了陌路
人」，「生活藝術、交往和自發性的衰落」，從

深層看則是「思維的形式化」、「把思維編入技
術的程序」。

　　上述這一些是貫穿於整個資本主義時期的
經濟理性的普遍性的危害，只不過在當代資本
主義社會中這種危害進一步加劇而已。但高茲
對經濟理性危害性的揭露並沒有到此為止，他
還進一步分析了當代資本主義社會中經濟理性
新的危害。這就是經濟理性在當代資本主義社
會中出現了新奴隸主義。由於科技技術和相應
生產力的快速發展，現代人實際上已贏得了大
量的自由時間。社會已不需要那麼多的勞動時
間來生產物質生活資料。但因為當代資本主義
社會中經濟理性仍然在起作用，也就是說，整
個社會還受「越多越好」的原則驅使，進而造
成對節省下來的勞動時間加以不平等的分配，
即人口中日益增大的一部分不斷地被從經濟活
動的領域中排除出去或被邊緣化，而另一部分
職業菁英則繼續從事現在的工作，甚至更多的
工作。這種做法符合「越多越好」的經濟理
性，進一步提高了勞動生產率，創造了越來越

多的物質財富，但與此同時進一步擴大了兩極分化，使前者淪爲後者的奴隸。他說：「對經濟領域中勞動的不平等分配，以及與此相伴隨的對技術發明所創造的自由時間的不平等分配，導致了這樣一種情境，在這種情境下，一部分人能從另一部分人那裡購買到額外的空閒時間，而後者則淪爲只是替前者服務。……對於至少是提供個人服務的這部分人來說，這種社會分層也就是服從於和人身依附於他們爲之服務的那些人。曾經被戰後工業化所廢除掉的『奴隸階級』再次出現了。」[49]高茲認爲今天這種「被職業菁英僱庸來的人做僕人的工作」和以前「富人階級僱庸了一大批家內庸人」沒有多少區別。

　　高茲沿著馬克思的思路對經濟理性危害性的揭露，尖銳而深刻。尤其是他對當代資本主義社會中「新奴隸主義」的批判，具有一定的警世作用。

（四） 如何超越經濟理性

　　如前所述，在高茲看來，要解除當前現代化過程中出現的危機，關鍵在於給現代化劃定界限。他所說的給現代化劃定界限，實際上也就是給理性劃定界限。他強調，現代化不能再由經濟理性的支配下進行下去了，而應超越經濟理性，確立一種新的理性，使現代化按照一種新的行為理性發展。

　　由於高茲主要把越多越好視為經濟理性的原則，從而他認為「逃避經濟合理性」的控制就是擺脫越多越好的原則。他強調必須打斷「更多」與「更好」之間的連結，使「更好」與「更少」結合在一起。他認為，只要我們生產更多的耐用品以及更多不會破壞環境的東西，或者生產更多的使每個人都可以得到的東西，那麼，工作與消費得越少，但生活得卻更好，這是可能的。他說：「特別是當人們發現更多的並非必然是更好的，發現掙得越多、消費得越多並非必然導向更好的生活，從而發現還有著

比工資需求更重要的需求之時，他們也就逃脫
了經濟合理性的禁錮。……當人們認識到並不
是所有的價值都可以量化的，認識到金錢並不
能購買到一切東西，認識到不能用金錢購買到
的東西恰恰正是最重要的東西，或者甚至可以
說是最不可少的東西之時，『以市場為根基的
秩序』也就從根本上動搖了。」[50]

　　高茲認為，只有掙脫掉經濟理性的禁錮，
才能為現代人開闢出一個足夠大的自由空間。
在這一空間中，人們的生活不再完全被勞動所
占據，不再被勞動所迷惑。人們發現這是一個
價值不能被量化的領域，發現這才是生活自主
的領域。以經濟為目的所進行的勞動大大減少
之時，自主的行為有可能在社會中占據支配地
位。應當把經濟理性從閒暇時間中驅除。這
樣，閒暇將不再只是剩餘或補償，而是必不可
缺的生活時間和生活的原因。要使閒暇壓倒勞
動的同時，使自由時間壓倒非自由時間。讓這
種自由時間成為一切普遍價值的承擔者，即讓
創造性、歡樂、美感和遊戲戰勝勞動中各種效

率、謀利的價值。高兹提出，當勞動降低到從
屬的地位，而自由的時間成爲一切普遍價值的
承擔者之時，就出現了「一個可能的其它社會
的遠景」。他說：「這個未來社會不再是一個以
勞動爲基礎的社會」[51]。他還說：「這裡所涉及
的是從一個生產主義的以勞動爲基礎的社會向
一個時間解放了的社會的轉折，在這一社會中
文化和社會被賦予比經濟更大的重要性，總而
言之，這是向一個德國人稱之爲『文化社會』
（Kulturgesellschaft）的社會轉折。」[52]

　　那麼超越經濟理性是不是僅僅意味著讓閒
暇時間壓倒勞動的時間，使社會不再以勞動爲
基礎呢？高兹認爲並非如此。高兹所論述的超
越經濟理性的更重要的一個內容就是使勞動本
身也成爲一種自主性的行爲，即不僅要把經濟
理性從閒暇時間中驅除，也要讓經濟理性在勞
動時間中也無立足之地，不僅要在勞動之外尋
求個人的自由發展，而且也要在勞動之內尋求
個人的自由發展。他認爲這裡至關重要的是不
能使勞動僅僅成爲掙工資的手段，如果是這

樣，勞動必然失去其意義、動力和目標。實際上，人們爲取得報酬的勞動所達到的不是其爲自己所選擇的目標，而是根據付給他們工資的人所制定的程序和時間表。他說：「存在著一種普遍性的混淆，這就是『勞動』（work）與『工作』（job）或『就業』（employment）之間的混淆，『勞動的權利』和『掙錢的權利』以及『得到收入的權利』之間的混淆。」[53]在他看來，現在人們普遍把掙錢的權利等同於勞動的權利，實際上你有權掙錢並不表示你已眞正獲得了勞動的權利，而在勞動領域超越經濟理性就是讓人們不僅獲得掙錢的權利，而且眞正獲得勞動的權利。高茲認爲，一般來說，勞動有三個層面，即勞動過程的組織；與所生產產品的關係；勞動的內容，即行爲的性質和勞動所要求的人的才能。他強調，應該使勞動者在這三個層面上都能獲得權利，進而都具有自主性。具體地說就是：這種勞動應是勞動者自己組織的；這種勞動是對自我確定的目的的自由追求；這種勞動應達到勞動者個人的目的。

　　鑑於目前出現了將大批人驅趕出經濟活動
領域，而只是讓一小部分職業菁英從事經濟勞
動，進而使前者淪爲後者的僕人的情況，高茲
特別指出了當前公平分配勞動崗位的重要性。
他認爲，面對勞動崗位日益減少的局面，有著
兩種不同的解決辦法：其是像現代資本主義社
會所正在發生的那樣，把減少掉的勞動崗位交
給一部分職業菁英，而讓大部分人失業下崗，
再讓前者廉價去購買後者的勞動爲其效勞，當
他的奴隸；另一種解決辦法就是「儘管勞動減
少了但仍然讓每個人能夠勞動」，那怕把勞動時
間減少到一天兩小時，也得讓每個人都在勞動
崗位上。他認爲，如果被排斥出經濟活動領
域，那就無從談起勞動的權利和勞動的自主
性。所以在目前情況下，勞動解放的第一位要
求就是把勞動的時間減少些，但必須每個人都
能從事勞動，都有其勞動的崗位。他說：「勞
動的解放和『勞動得少些進而每個人都能從事
勞動』的理念，這到底是勞動鬥爭運動的發源
地。」[54]

　　高茲對於如何超越經濟理性的論述儘管充
滿了浪漫主義色彩，完全繼承了西方馬克思主
義的傳統，但其中不乏深刻的見解。

四、《資本主義、社會主義和生態
　　學》(1991年)

　　出版於1991年的《資本主義、社會主義和
生態學》一書，是高茲在蘇東劇變後推出的一
部重要著作。全書由九篇相對獨立的論文構
成，第一篇爲：〈錯位，定位：保衛現代
性〉；第二篇爲：〈需要重新定義的左派〉；
第三篇爲：〈資本主義、社會主義和生態
學〉；第四篇爲：〈正在重新定義的社會主
義〉；第五篇爲：〈新奴隸〉；第六篇爲：
〈「勞動」的危機和後工業的左派〉；第七篇
爲：〈處於衝突中心的新舊角色〉；第八篇
爲：〈左派的道路在哪裡？在後工業時代的社
會變革〉；第九篇爲：〈較短的時間，同樣的

工資〉。另外還有一個附錄，題為「存在著一種
歐洲的左派嗎？理論的和政治的詢問」。

　　本書進一步深入高茲在《迎向大堂之路》
和《經濟理性》等著作中的觀點，其中關於資
本主義、社會主義與生態保護之間的關係的論
點，特別引人注目。該書的出版者指出：高茲
在本書中所提出的觀點，必將對人類活動產生
影響，推進個人自我實現的可能性。

（一）保護生態環境的最佳選擇是先進的社會主義

　　高茲在這部著作中首先要論證的就是只有
在先進的社會主義制度下才能消除生態危機。

　　他認為，要有效地展開生態保護工作，必
須具備這樣的社會環境：生產實用的不易損壞
的物品，生產易於修理可長時期使用的機器，
生產較長時間不會過時的服飾。當人們都生活
在一個廣泛的集體共有服務設施之中時，對於
易損壞的、昂貴的和浪費能源的物品的需求將
會消失。當有舒適的公共交通工具送你去休養

勝地時，當有一個人們所要求的遍及城鄉的交通網絡，自行車和汽車暢通無阻時，人們是否仍然渴望和高速公路上擁擠的交通聯繫在一起呢？

中央計畫的主要工業僅僅爲滿足居民的基本需要而生產。爲了避免大量的失業，減少勞動時間，實行二十小時工作周。各個城鎮都有用完整的工具系列、機器和原料裝備起來的工廠，在那裡市民們爲自己而生產，依照他們的情趣從事生產。

人們有充分的閒暇時間去學習自己感興趣的東西，不僅有讀和寫，而且包括各種手工藝，所有那些被商業從人們身上剝奪並且只有透過買賣才能重新獲得的各種專業技術。

高茲指出，這樣的社會環境就是社會主義的社會環境，認爲只有在這樣的社會環境下才能實施生態保護等於認爲只有在社會主義制度下才能實施生態保護。所以，「保護生態環境的最佳選擇是先進的社會主義」。

在高茲看來，社會主義制度之所以爲生態

保護提供了可能性，關鍵在於社會主義不以利
潤作爲生產的動機。他認爲，在我們面前有兩
種理性：一是經濟理性，即資本主義的以利潤
爲生產動機的理性；二是生態理性，即社會主
義的以生態保護爲宗旨的理性。前者是與生態
保護相衝突的，而後者才與生態保護相一致。
眞正的社會主義所實施的必然是生態理性。他
透過論述兩種理性的區別來說明只有社會主義
制度才有可能實施生態理性，進而才有可能實
施生態保護。

　　他說道：「生產力的經濟規則與資源保護
的生態規則截然有別。生態理性旨在用這樣一
種最好的方式來滿足（人們的）物質需求：盡
可能提供最低限度的、具有最大使用價值和最
耐用的東西，而花費少量的勞動、資本和資源
就能生產出這些東西。與此相反，對最大量的
經濟生產力的追求，則旨在能賣出用最好的效
率生產出來的最大量的東西，以獲取最豐厚的
利潤，而所有這一些建立在最大量的消費和需
求的基礎之上。只有透過這種最大量的消費和

需求，才有可能在資本的增值方面獲取回報。
其結果是，在企業的層面上最大量的生產力的
發展導致了在整個經濟領域浪費的日益加劇。
但是，從生態的觀點看則是對資源的浪費和破
壞的東西，用經濟的眼光來衡量則是增長之
源：企業間的競爭推進了創新，而銷售量和資
本循環的速率促進了產品的的陳舊過時和快速
更新。從生態的觀點看似乎是節儉的措施（如
生產耐用品、保護病者和稀有者、實施低能源
和資源的消費等），使那些在經濟學上可用國民
生產總值的形式加以衡量的產品大為減少，其
表現在宏觀的經濟層上未能充分利用資源。」[55]
高茲在這裡清楚地向人們描述了兩種理性的區
別：經濟理性不惜對資源的肆意開發，不顧對
生態環境的破壞，追求最大限度的生產和消
費，而生態理性力圖儘量少動用勞動、資本和
資源，努力生產耐用的、具有高度使用價值的
東西，以滿足人們適可而止的需求。而隱藏在
這兩種截然對立的理性背後的是兩種完全對立
的動機，即利潤動機和生態保護動機。在資本

主義的利潤動機支配下，實施生態理性是不可
思議的，因爲這必然帶來堵塞增長之源。基於
這一認識，高茲反覆強調，要實施生態理性，
必須改變資本主義的利潤動機，而這就意味著
改變資本主義生產方式爲社會主義生產方式。
社會主義生產方式應該與生態理性聯繫在一
起。他認爲，社會主義生態方式的合理性存在
於生態理性的合理性之中。

　　高茲認爲，在現存社會主義的生產方式即
資本主義生產方式下，是無法實施生態保護
的。實施生態保護的要旨是控制消費，而控制
消費的一個前提則是公平、合理地進行產品的
分配，顯然，在現存的生產方式下，是不可能
做到這一點的。他說，現存社會的框架和消費
模式是建立在貧富不均、特權和追求利潤的基
礎之上零增長或負增長只能意味著停滯、失
業、貧富之間差距的擴大。在現存的生產模式
的框架中，當產品分配更趨平均的同時，就有
可能限制和壓制經濟的增長。在現存社會的生
產方式下，哪一個人能用什麼辦法來分配由於

數量限制而變得稀有短缺的產品，如豪華的汽車、擁有游泳池的房屋以及其它成千上萬種的新產品呢？工業每年用新產品像洪水般地衝擊市場的舊產品使之貶值，同時再生產不平等和等級制度。而現在又有哪一個人能用什麼辦法來平均分配大學學位、管理職位或財產占有權？高茲強調，在這種情況下，唯一的出路就是突破現存社會的生產方式，建立一種真正能體現公平分配原則的生產方式，即社會主義生產方式。

高茲在這裡透過分析經濟理性與生態理性的對立，以及透過揭示經濟理性與資本主義生產方式、生態理性與社會主義生產方式的內在聯繫，來說明社會主義社會型態建立的必要性，說明保護生態環境的最佳選擇是建立社會主義的生產方式，充分顯示了其為一個生態學的社會主義者、生態學的馬克思主義者的基本立場。

（二）蘇聯模式的社會主義提供了一幅資本主義基本特徵的滑稽的放大畫

　　高茲反覆強調，保護生態環境的最佳選擇是先進的社會主義，那麼，他所說的社會主義是一種什麼樣的社會主義呢？與現存的社會主義有一種什麼樣的關係呢？在《作爲政治學的生態學》、《通往天堂之路》、《經濟理性批判》等著作中對此已有所論述，而在這部著作中則作了更詳盡的闡發。

　　高茲認爲，他所說的能有效地實施生態保護的社會主義，完全不同於現存的和傳統的社會主義。爲了強調這一點，他在這部著作中的一開頭特地指出：「作爲一種體系，社會主義已死了。作爲一種運動和有組織的政治力量，它行將就木。它曾經提出的所有目標過時了。唯一承受這種社會主義的社會力量消失了。它已經失去了它的預言、它的物質基礎、它的『歷史主體』；正在導致即使不是無產階級，至少也是工人階級消失的、歷史的和技術的變化

已經表明，這種社會主義關於勞動和歷史的哲
學被曲解了。」[56]我們當然不能完全同意他對現
存的和傳統的社會主義的處境的這一基本估
計，從這裡只需了解，高茲竭力把他所憧憬的
社會主義與現存的和傳統的社會主義區別開
來。

　　高茲所說的現存的和傳統的社會主義主要
是指蘇聯模式的社會主義。在他看來，蘇聯模
式的社會主義在不能有效地實施生態保護這一
點上，幾乎與資本主義沒有什麼不同。關鍵在
於，蘇聯模式的社會主義奉行的也是經濟理
性，而不是生態理性，也就是說，在蘇聯模式
的社會主義制度下，社會生產和人的行為同樣
受制於經濟的理性。只要是受制於經濟理性，
不管是用計畫還是用市場進行調節，都不會產
生真正的社會主義。他強調，蘇聯模式的社會
主義僅僅向人們提供了一幅資本主義基礎特徵
的滑稽的放大畫，因為它把追求累積和經濟增
長作為其主要目的。唯一與資本主義不同的是
實施這種累積和增長的方式，即它試圖用精心

規劃的、中心化的、外在的整體經濟控制的市場取代了自發的外在機制，在一切行為領域中，它使得體系的全面合理性所要求的功能行為與個體的自我控制的行為方式的合理性相互分離。蘇聯模式的社會主義也曾實施過種種改革，但由於這些改革的基本思路是建立在消費主義的基礎之上的，即這種改革並沒有對追求的目標作絲毫的改變，而只是對實現這種目標的手段進行了調整，所以這種改革的結果是越來越向西方資本主義靠攏，而遠離真正的社會主義。他認為，社會主義的本質是使經濟行為服從於社會的目的和價值，如果不朝這一方向努力，那現存的和傳統的社會主義不能成為真正的社會主義。

　　基於「現存的社會主義與資本主義在奉行經濟理性、對抗生態保護這一點上沒有實質性的區別」這一基本認識，高茲甚至對現存的社會主義的「科學性」提出質疑。他說：「『科學社會主義』的概念已經失去了所有的意義。在所謂的『現存的社會主義』的範圍之內，它的

信條中所謂的科學性，只具有這樣一種實踐功能：以『非科學』和『主觀』為藉口無視人的需求、慾望和異議，強制人服從於業已形成的工業機構的制度命令。『現存的社會主義』的計畫把社會當作是一架集中化的工業機器，並要求人們面對這架機器的命令。人們的生活被完全地合理化了，也就是說，被官僚——工業的強大機器完全有組織地功能化了。倘若對抗這種功能化，……則被譴責為小資產階級和低級的個人主義。」[57]

高茲詳盡地闡述了社會主義與資本主義之間的真實聯繫。他說，社會主義只能在與資本主義的聯繫中來加以理解，「社會主義是對資本主義的積極的否定」[58]。社會主義根源於資本主義現代化的歧義性和不完整性之中，根源於自由市場經濟的極端的效應之中。資本主義帶來的不僅是激進的解放因素，而且也帶來了剝削和異化的新的形式，不管在任何地方，只要存在資本主義，社會主義也就被引進來了。因為開天闢地第一次，個人從國家或君王的專制

主義中解放了出來，從等級森嚴的依附性中解放了出來，個人獲得了追求自己的物質利益的權利。眾所周知，這種給予人們的權利啟動了在自由的市場中「一個人對抗所有的人」的鬥爭。沒完沒了的競爭迫使每一個企業最大限度地去利用其生產要素，也就是說，最大限度地去獲取生產率、利潤，最大限度地去進行投資和發明創造。經濟理性藉助於市場的邏輯從宗教、倫理的戒律中解放了出來。「資本主義過去是現在仍然是這樣一種社會的唯一的形式，這一社會帶著最大限度地提高生產率的目的，使競爭成為第一信條，不懈地追求把社會、教育、勞動、個人和集體的消費納入資本無所不包的價格服務體系之中，其結果是把經濟理性的統治擴充到生活和勞動的所有領域，這種經濟理性藉助於市場的邏輯肆無忌憚地顯示自己。」[59]

　　高茲進一步說道：「社會主義運動產形於這樣一種鬥爭之中，這種鬥爭的主體是團結在一起的個體，它建立在倫理要求的基礎之上，

對經濟理性所發揮作用的領域施加新的社會限制。只有這種限制才能確保勞動者的完整性，以及確保他們無論在個體的層面上還是在集體的層面上自我決定自己如何度過自己一生的權利。社會主義運動的涵義及目標過去是，現在仍然是使個人從這樣一種領域中解放出來，在這些領域中，市場的邏輯、競爭和利益的功能，正阻礙著個人獲得獨立和自我實現。」[60]在高茲看來，在資本主義社會中已存在著社會主義的因素，這正是社會主義與資本主義內在聯繫所在。但如果把社會主義理解成旨在增加物質財富，把資本主義的經濟理性加諸於社會主義，那這種社會主義與資本主義沒有什麼兩樣。真正的社會主義不是繼承而是拋棄經濟理性，限制經濟理性的作用，而取代價值理性，只有這樣，才能真正符合社會主義的涵義和實現社會主義的宗旨。

　　高茲論證了唯有社會主義才能正確實施生態保護，但在論述這種社會主義時又把它與現存的社會主義對立起來，對現存的社會主義全

盤否定，這遭到了一些正統的馬克思主義者的
批評。至於他所提出的資本主義與社會主義的
相互關係，即認為儘管在資本主義社會中已具
有社會主義的因素，但只有擯棄經濟理性，才
能建立起真正的社會主義，也是一種頗有爭議
的見解。

（三）更少地生產，更好地生活

　　高茲在批評蘇聯模式的社會主義的基礎
上，提出了他自己的對社會主義的設想。他曾
在《經濟理性批判》一書中論述過「更少」與
「更好」之間的內在聯繫，這裡，他則進一步地
提出了「更少地生產，更好地生活」的設想，
以此作為他理想中的社會主義的主要生活模
式。

　　高茲指出，造成現行的資本主義社會出現
危機的原因是生產能力的過度發展，以及在此
基礎上所形成的技術的破壞性，因此克服這些
危機只能透過建立一種新的生產方式。這種新
的生產方式的核心是對資源、能源作精心安

排，儘量縮減消費規模。也就是說，這種新的
生產方式的宗旨不是更多地生產，而是更少地
生產。由此可見，作為資本主義的替代物的社
會主義的首要特徵就是更少地生產。問題在
於，在「更少地生產」的情況下，能否給人們
帶來「更好地生活」？高茲認為，這是有可能
的，而這也正是社會主義的優越性之所在。

他認為，在社會主義制度下，生產的目的
將不再是為了追求最大限度的利潤，所以將會
中止奢侈品的生產，而主要是生產人們確實需
要的、耐用、易修理、易生產並且無污染的東
西。由於實行這樣的生產，必然帶來兩大結
果：其一，社會勞動將被限制在生產生活所需
求的東西上，進而工作時間同時得到縮減，這
將使人們獲得更多的自由時間，大大地擴展他
們的自由選擇行為，個人和公眾將以今天難以
想像的方式顯現自己並使他們的生存方式多樣
化；其二，人們在改變相互之間關係的同時也
改變了相同環境的關係，環境與人不再處於對
立的狀態，而是和諧相處，人們重新恢復了與

自然界活生生的內在聯繫。高茲強調，這兩大
結果都是與人們新的生活方式，即真正幸福的
生活方式聯繫在一起的。馬克思所期望的理想
社會的生活方式不正是這樣的生活方式嗎？

　　高茲還對這種「更少地生產，更好地生活」
作了具體的描述。他認為，「更少地生產」的
說法實際上還不夠確切，而應正確地表述為
「人們根據他們的想像而不是根據需要來進行生
產」。正是根據想像來生產，所以能使人們進入
一種新的境界，在那裡，市場消失，每個人都
感到滿足，人們共聚在一起，每個人各自計畫
自己的生活。人們不會被指揮去從事那種千篇
一律、單調、厭煩無趣的勞動。

　　高茲認為，社會主義是一個充滿平等的社
會，而「更少地生產，更好地生活」將直接導
致社會走向平等。他說，現代資本主義的生產
方式所帶來的經濟增長使廣大人民、群眾享受
原來只有那些菁英們才享受的特權的同時，又
把他們排擠在新的特權之外。現代資本主義社
會的座右銘是：「對每個人都一樣好的東西沒

有價值，你必須有著若干東西好於他人才能受到尊敬」。這一座右銘是現代資本主義社會中人們普遍接受的價值觀念。當人們都具有了某種物品以後，這件物品就失去了價值，而唯有那些只有少數人占有的物品才是高貴的，才值得人們去追求。現代資本主義社會的統治者正是利用了這樣一種價值觀念和心理狀態，才不斷地製造新的需求，控制人們，維護不平等。隨著「更少地生產，更好地生活」的實施，人們所生產的是那些為所有人真正所需要的東西，既不給予任何人特權，也不縮小任何人的權利。這樣的社會，誠如馬克思所言：每個人的自由發展是一切人的自由發展的條件。社會主義的平等正是從這裡開始產生。

高茲強調，實施「更少地生產，更好地生活」，不可能在資本主義社會的框架中進行，這實際上是對現代資本主義社會進行生態學的重建，它包含著對資本主義的超越和對社會主義的開拓。他透過考察德國社會民主黨1989年的綱領來說明這一點。這一綱領明確地要求以最

少量的勞動、資本和資源去獲得盡可能小量但
又具有高度的使用價值和耐用性的貨物。高茲
列舉了這一綱領的若干內容：「對我們的經濟
從產品設計到消費和物質的再循環進行生態學
的重建」，「對涉及能源的生產和運輸的所有環
節進行生態學的重建」，「對化學工業、運輸業
和農業進行生態學的重建」。這些活動「必須保
證生活的基本要素和改善其質量」，「必須促進
自治和自主的創造性活動」，「那些危及生活的
自然基礎的活動必須縮減和消失」。「技術上的
發明不僅必須有助於生態學的重建和理性化」，
而且也必須「提高勞動生產率、使縮短勞動時
間成為可能」，「把我們從異化勞動中解放出來」
[61]。高茲把德國社會民主黨1989年綱領中所提出
的這些要求歸納為：「最大限度的生產率和利
潤率的經濟標準服從於社會——生態標準。」[62]
接著他就分析說，這些要求在資本主義社會中
表面上看也可實施，但由於改變不了資本主義
發展的基本形式，進而在實施過程中或者變質
或者夭折。只有在社會主義的制度下，由於社

會發展的基本宗旨與這些要求相符合，進而這
些要求能切實有效地得以實施。他強調，德國
社會民主黨1989年綱領中的這些涉及「更少地
生產，更好地生活」的要求，本身就包含著對
資本主義經濟理性的「新的和激烈的限制」[63]。
他認為德國的社會民主黨實際上已把「更少地
生產，更好地生活」作為未來的社會主義基本
象徵。

　　高茲不但論證了只有社會主義才能有效地
消除生態危機，解決環境問題，而且提出這種
社會主義的基本特徵就是「更少地生產，更好
地生活」，是一個極有針對性，給人深刻啟發的
見解。但正如許多學者所指出的那樣，這一見
解帶有濃厚的烏托邦主義色彩，他所說的社會
主義是「烏托邦主義的社會主義」。

（四）左派的目標：擴充人的自主活動的
　　　領域，增加個人自我實現的可能性

　　高茲告誡西方的左派在制定自己的戰略時
必須注意下列事實：

　　在1961年至1988年這一時期內，產業工人階級的人數在英國減少了44％，在法國減少了30％，在瑞士減少了24％，在西德減少了18％。在這十二年的時間中，在歐洲的一些國家大約有三分之一甚至一半的工業勞動崗位不存在了。法國在這十二年時間中所減少的工業勞動崗位差不多與從1890年至1968年所創造的工業勞動崗位一樣多[64]。

　　正是在這期間，造就了大量服務部門的崗位。但是這些勞動崗位是鐘點工，非常不穩定，並且又是屬於低技能的。它們並不為專業的發展提供機會，它們並不承受可以構成在社會主義教義中所說的工人階級和勞動的那種本質和價值。工業勞動階級似乎已經衰弱了並部分已被主要由女性構成的後工業無產階級所取代，鑑於這一階級所處環境的不穩定性和所擔負的工作的性質，是不可能從其勞動中衍生出可承受起經濟的、技術的和政治的權力的那種社會地位和使命[65]。

　　從量的角度看，一個人的勞動生涯開始較

晚而結束較早，並且期間又常常被中斷。一個
成年人在1960年的專職勞動時間為2,150小時，
到了1990年則減少至1,650小時，而且在這1,650
小時中還得減去150小時的病假時間。在過去的
三十年時間中，成年人的勞動量（即所有勞動
者的勞動時間的總和）減少了28％。與此同
時，每小時的勞動產品增加了三倍，而失業，
或者倒不如說「靠自己勞動掙錢來養活自己」
的不可能性，達到了無以復隨的程度[66]。

　　高茲在列舉上述事實後即提出，在這種新
的形勢下，左派究竟應該如何做？如何成為一
個社會主義者呢？他著重指出了以下兩點：

　　其一，他說：「勞動已經改變了，『勞動
者』也已改變了。」[67]如果說成為一個社會主義
者就要為工人的解放而鬥爭，那麼，他們僅僅
是作為只占總人口15％的這樣一些工人的意識
形態的代言人嗎？這些人仍然主要地依據其勞
動來確定身分，他們首先感覺到自己還是個勞
動者，他們把勞動作為一種潛在地自我實現
的、創造性的活動加以經歷。但是，社會主義

者難道不是要使所有的勞動都成爲創造性的、
自我實現的活動？高茲的意思是，面對著眞正
從事傳統工業勞動的只占總人口15％的這一實
際情況，左派、社會主義者不能僅僅著眼於這
一部分人，也就是說，不能僅僅只爲這部分人
的利益而鬥爭，不能只把實現這部分的解放作
爲自己的奮鬥目標。

　　其二，就是對那些仍然在從事工業勞動的
產業工人而言，他們實際上眞正的勞動時間也
是很少的，他們大部分的生命活動與工業勞動
無緣。在這種情況下，就有一個如何正確理解
職業在個人生命和社會中未來地位的問題。當
一個社會日益發展的技術可以用越來越少的勞
動而創造出越來越多財富的時候，在這一社會
中勞動時間的減少是必然的。不但從事工業勞
動的人數大大減少了，而且勞動者的勞動時間
也驟減。在這種情況下，退一步講，即使左
派、社會主義者所服務的對象主要仍然是產業
工人，但也不能僅僅著眼於他們的勞動時間，
而應著眼於整個生命活動。也就是說，左派、

社會主義者的目標不僅僅使這些產業工人在勞動期間感到自己解放了，而且應使其在非勞動期間，乃至在整個生命活動中都感到自己解放了。

於是高茲就把左派、社會主義者的奮鬥目標定位為不僅僅使產業工人而且使所有的人都獲得自我實現，不僅僅使勞動者的勞動而且使勞動者的非勞動性的活動都成為一種自主的創造性的活動。

高茲進而指出，這裡關鍵的是要改變目前的那種「付薪勞動」形式。如果不改變目前通行的「付薪勞動」形式，要實現所有人的所有活動都自主化是不可能的。他說：「我們是否不得不去尋找一種替代付薪勞動的活動資源和社會一體化模式？我們是否必須超越完全職業化的社會，而去計畫建立一種『完全活動性』的社會，在這一社會中，每個人的收入不再是其出賣勞動所獲得的價格？」[68]在他看來，消除了付薪勞動模式的社會就是社會主義社會，而這種社會主義是對現存的資本主義的否定。

「『社會主義』這一術語不再涉及任何現存的社會秩序。」[69]那麼，這是否意味著社會主義的觀點以及與社會主義相關的東西都已失去了所有的意義？我們能否忘記資本主義統治著世界經濟而無須向這一世界提供一種新的社會模式？我們無論如何不能忘記這一點：我們的社會是資本主義社會，而社會主義也不需要用存在於其它地方的另一種社會制度來規定自己，它只需要把自己規定為資本主義的對立面，也就是說，它是對這樣一種社會模式激烈的批判，在這一社會中，技術、勞動、日常生活結構、消費模式和發展模式等，都具有最大可能地獲取利潤這一標記。[70]高茲強調，左派、社會主義者倘若真正要把實現所有人的所有活動自主化作為自己的奮鬥目標，就不能迴避廢棄付薪勞動，與現存的資本主義徹底決裂這一點。

高茲還提出，左派、社會主義者把廢棄付薪勞動，實現所有人的所有活動的自主化作為自己的奮鬥目標，就意味著對勞動本身進行徹底的改造。他說，勞動這一近代概念原本指的

是為其他人所從事的一種活動。它有兩個基本
特徵：其一，它必須在公共領域而不是在私人
領域進行；其二，它必須為了社會的他人而不
是為了個人進行。而當商品關係隨著工業資本
主義的發展占了統治地位之時，它具有了第三
種特徵：它必須具有被認可的效用和價值，而
這一點被將其交換的可能性，即將其出賣，將
其作為商品的可能性所證明。「勞動由於具有
了商品形式，它就成了『一般的』社會勞動、
抽象勞動，參與到生產總體的社會過程之中。」
[71]他認為，現在擺在左派、社會主義者面前的重
大課題就是如何使勞動成為自主活動。他說：
「解放勞動，使勞動成為自主活動的願望，內在
於真正勞動的本質，並且內在於勞動的異化之
中。當勞動被異化之時，真正的勞動使主體把
其作為自主活動的能力加以履行。」[72]高茲在這
裡提出解放勞動的願望實際上蘊含在勞動本身
之中，那怕目前這種勞動還處於異化狀態。而
左派、社會主義者的當下任務就是使這種願望
變成現實。

　　高茲根據目前資本主義社會的新的發展，強調實現所有人的所有活動的自主化，眞正實現勞動的解放才是左派、社會主義者的奮鬥目標，具有極強的現實意義。問題在於，他離開了對社會的現實改造，抽象地談論人的活動的自主化，就難於跳出烏托邦主義的窠臼。正如西方許多評論者所指出的，如果西方的左派、社會主義者眞正接受了高茲的觀點，高舉起使所有人的所有活動自主化的旗幟，那麼，其結果充其量只是使人們思想上得到一次洗禮而不會觸動現實社會的一根汗毛。

註釋

1.高茲：《勞動分工：現代資本主義的勞動過程和
階級鬥爭》，英國收獲者出版社，1978年，第7
頁。

2.馬克思：《資本論》第一卷（上），人民出版社，
1976年，第399-400頁。

3.高茲：《勞動分工：現代資本主義的勞動過程和
階級鬥爭》，英國收獲者出版社，1978年，第57
頁。

4.同上，第57頁。

5.同上，第8-9頁。

6.同上，第8頁。

7.同上，第159頁。

8.同上，第9頁。。

9.同上，第176頁。

10.同上，第167頁。

11.同上，第178頁。

12.同上，第178-179頁。

13.高茲：《作爲政治學的生態學》，波士頓，1980

　　年，第15頁。

14.同上，第15頁。

15.同上，第16頁。

16.同上，第17頁。

17.同上，第5頁。

18.同上，第5頁。

19.同上，第6頁。

20.同上，第6頁。

21.同上，第20頁。

22.同上，第21頁。

23.同上，第22-23頁。

24.同上，第23頁。

25.同上，第26頁。

26.同上，第27頁。

27.同上，第27頁。

28.同上，第19頁。

29.同上，第109頁。

30.同上，第19頁。

31.同上，第19頁。

32.同上，第20頁。

33.高茲：《經濟埋性批判》，倫敦，1989年，第1頁。

34.同上，第1頁。

35.同上，第2頁。

36.同上，第2-3頁。

37.同上，第111-112頁。

38.同上，第112頁。

39.同上，第109頁。

40.同上，第109-110頁。

41.同上，第110-111頁。

42.同上，第113頁。

43.同上，第19頁。

44.同上，第20頁。

45.同上，第20頁。

46.同上，第108頁，注3。

47.同上，第107頁。

48.同上，第124頁。

49.同上，第6頁。

50.同上，第116頁。

51.同上，第212頁。

52. 同上，第183頁。

53. 同上，第221頁。

54. 同上，第221頁。

55. 高兹：《社會主義、資本主義和生態學》，倫敦，1994年，第32-33頁。

56. 同上，第7頁。

57. 同上，第38頁。

58. 同上，第39頁。

59. 同上，第39頁。

60. 同上，第38頁。

61. 同上，第31-32頁。

62. 同上，第32頁。

63. 同上，第31頁。

64. 同上，第7頁。

65. 同上，第7頁。

66. 同上，第8頁。

67. 同上，第7頁。

68. 同上，第9頁。

69. 同上，第9頁。

70. 同上，第9頁。

71.同上，第54頁。

72.同上，第57頁。

第二章
阿格爾

　　班‧阿格爾（Ben Agger）是生態社會主義的主要倡導者之一、加拿大滑鐵盧大學社會學教授。他除了對馬克思主義、特別是生態社會主義有較深入的研究外，在批判理論、女權主義和言談理論方面也有很多建樹。

　　在生態社會主義的發展過程中，阿格爾起了關鍵性的作用，因爲正是他在20世紀70年代後半期發表的《論幸福和被毀的生活》、《西方馬克思主義導論》等著作使生態學的馬克思主義這一概念及其基本思想在全世界範圍內得到廣泛認同和傳播。在20世紀80、90年代，生態學的馬克思主義成爲一種指導社會變革的流

派，阿格爾有著不可磨滅的作用。

　　阿格爾和威廉·萊易斯為是生態社會主義承上啓下的代表人物。他們不但使生態社會主義從一種主要是專家學者在高樓深院地論述的一種理論，變成一種與現實密切結合的理論，而且使生態社會主義眞正從西方綠色運動中分化出來，而與社會主義革命匯合在一起。在生態社會主義者中，阿格爾較早旗幟鮮明地提出生態危機的出現，表明資本主義具有無限傾向的生產能力與生態環境有限的承受能力之間存在著尖銳不可克服的矛盾，這一矛盾將導致人們對資本主義「期望的破滅」。並由此引發社會主義革命。阿格爾還與威廉一起，使生態社會主義成了較爲完整的理論體系。生態社會主義在他們兩人那裡，不僅包括當代資本主義危機理論、資本主義批判理論，而且還有關於社會主義革命的動力、道路、策略的理論，以及關於未來社會較完整的構想。

　　一般認爲，生態社會主義有三個方面的理論來源：一是馬克思主義關於人與自然相互關

係的理論；二是生態學、系統論、未來學的理論成果；三是法蘭克福學派的理論。阿格爾與其他的生態社會主義者不同之處在於：他不是只與其中一個方面的理論有淵源關係，而是他較爲全面地繼承了這三個方面的理論，也就是說，他把這三個方面的理論同時吸收到自己的理論體系之中。

　　阿格爾除了是個生態社會主義者、生態學的馬克思主義者之外，還是「北美的馬克思主義」的重要代表人物。「北美的馬克思主義」又稱爲「北美的左派學院馬克思主義」，是20世紀60年代以後，在美國和加拿大等北美國家校園掀起的一股探索馬克思主義的思潮。阿格爾本人也是在這一探索的過程中成長起來的，後來則成了這一思潮在加拿大的主要發言人，與在美國的一些代表人物遙相呼應。與「北美的馬克思主義」的其他一些代表人物的不同之處在於，他不但反對沉溺於對馬克思主義作純理論的研究而注重於面向現實的研究，而且在面對現實時特別強調要面對當代世界生態危機的

現實，致力於把生態問題納入「北美的馬克思主義」的主要研究課題，使「北美的馬克思主義」走向生態學的馬克思主義。

阿格爾寫下了大量的著作，特別是在蘇東劇變後他的著作更是連篇累牘地出版。主要著作有：《辯證的敏感性Ⅰ：批判理論、唯科學主義和經驗主義》（1977）、《辯證的敏感性Ⅱ：走向新的理智性》（1978）、《西方馬克思主義導論》（1978）、《社會（本體）學：一種懲戒性的閱讀》（1989）、《閱讀科學：一種文學的和政治的分析》（1989）、《快速資本主義：一種批判的意義理論》（1989）、《言談的衰退：在後現代資本主義中的閱讀、寫作與抵抗》（1990）、《公共生活的批判理論：在一個衰退時代的知識、言談和權力》（1991）、《作為批判理論的文化研究》（1992）、《關於控制的論述：從法蘭克福學派到後現代主義》（1992）、《性、文化和權力：走向一種女權主義的後現代主義批判理論》（1993）、《著作書寫作者嗎？：對文本的社會分析》（1994）等。

這裡僅述介作為生態社會主義者、生態學的馬
克思主義的代表作的《西方馬克思主義導論》
一書中的觀點。

《西方馬克思主義導論》（1978年）

　　《西方馬克思主義導論》是阿格爾的成名
作，該書還有一個副標題「古典的和當代的根
源」。嚴格地說來，這並不是一部著作，而是一
部向北美大學生介紹西方馬克思主義的教程。
全書既考察了從20世紀末一直到20世紀80年代
西方馬克思主義產生和發展的歷史過程，又展
望了其以後的發展趨勢。全書共設七章，分別
是：〈馬克思辯證法中的異化、矛盾和危
機〉；〈20世紀改良主義者和激進主義者：第
二國際的科學馬克思主義〉；〈黑格爾化的馬
克思主義Ⅰ：階級意識的作用〉；〈黑格爾化
的馬克思主義Ⅱ：統治的理論〉；〈東歐的修
正主義：人道主義的馬克思主義〉；〈個體化

的馬克思主義：60年代的階級激進主義〉；
〈重新探討危機理論：現代馬克思主義的種種特
徵〉。阿格爾的這部書雖然對西方馬克思主義作
了全面的論述，但最有影響的是對生態社會主
義的闡發。阿格爾並沒有把本書作為一部純粹
的歷史著作來寫，而是力圖透過此書創造一種
把馬克思主義與美國民粹主義相結合的「北美
馬克思主義」，進而把「北美馬克思主義」發展
成一種生態社會主義。

（一） 重新研究資本主義的危機理論

　　阿格爾是從分析當代資本主義社會的危機
入手來展開其生態社會主義觀點的。當代資本
主義社會的危機，他又以探索馬克思的資本主
義危機理論為起點。

　　阿格爾說：「我們的中心論點是，歷史的
變化已使馬克思原先關於只發生在工業資本主
義生產領域的危機理論失效了。」[1]馬克思認
為，由於利潤率下降、資本累積壓低工人工
資，使工人失業、貧困化，進而工人一起起來

造反，資本主義陷於崩潰。但實際上，資本主義並非如此。馬克思的危機理論之所以失效，一個重要原因是馬克思高估了19世紀末資本主義危機趨勢的嚴重性，而低估了資本主義生產方式的再生性，沒有預見到資本主義在其以過快的速度累積資本以致難以有效利用的內在固有趨勢中，還有繼續生存的能力。從第一次世界大戰以後，國際壟斷資本主義生產能力空前發展，足以保證向工人階級提供在過去只是給社會菁英提供的那些商品。勞資之間矛盾減弱了，工人階級喪失了自己階級意識。在這種情況下，出現資本主義崩潰的歷史性延緩，勢在必然。

　　他認為，隨著馬克思的資本主義危機理論的過時，從中衍生出的對資本主義危機的兩種解釋也相應失去了時效。第一種是第二國際和第三國際的一些理論家的經濟決定主義，即把對資本主義危機的考察僅僅限於工業資本主義的生產領域，而無視資本主義早期階段與當今已有很大的區別，無視當今資本主義的內部矛

盾是生產與消費之間歪曲了的關係；第二種是
早期法蘭克福學派的批判理論。他說：霍克海
默、阿多諾等法蘭克福學派的成員「所進行的
批判是對現存制度的抽象否定」，「對激進的變
革只提供了微弱的希望」，「他們的錯誤在於把
一切人的活動往往視爲是受發達資本主義生產
造成的、占支配地位的力量支配的」，「這就妨
礙了他們創造一種考察旨在反對支配制度的解
放力量的新的危機理論和新的結構」[2]。

　　在他看來，馬克思本人的資本主義危機理
論以及從中衍生出他的繼承人對資本主義危機
過時的兩種解釋，並不表示當今資本主義的危
機已消失。資本主義的崩潰出現了歷史性的延
續，但導致資本主義崩潰的因素日益擴大。馬
克思本人的危機理論，以及第二國際、第三國
際、早期法蘭克福學派的危機理論之所以失去
時效，原因不在於資本主義的危機已不存在
了。事實證明，「雖然以60年代後期的青年文
化爲特徵，並在1968年巴黎五月風暴中引起空
前注意的充滿浪漫氣氛的時代已經過去，但今

天的資本主義並不是一個較穩定的制度，而是一個難以駕馭、隨時可能爆發危機的制度」，「現在的危機比60年代的更嚴重」，「資本主義的基礎正搖搖晃晃」[3]。正是在馬克思原有的危機理論已過時而資本主義的危機卻在日益加深這樣一種歷史背景下，一些西方馬克思主義者重新探討危機理論問題。他說：「重新研究危機理論表明，晚期壟斷資本主義無論就其經濟行為還是就人的動機和意圖來看都已為進行根本變革準備了條件」，「今天的危機理論既強調資本主義內在結構矛盾（導致馬克思稱之為利潤率趨於下降的矛盾），又強調發達資本主義加深異化、分裂人的存在、污染環境以及掠奪自然資源的趨勢」。[4]

阿格爾高度讚賞這些西方馬克思主義者對當代資本主義危機的新探索。其中他特別提及了以下兩種探索：

其一是以哈伯瑪斯、奧康納爾、來利班德為代表的對資本主義危機的新探索。他們雖大都同意馬克思認為國家是管理資產階級共同事

務委員會的看法，但都否認馬克思揭示危機的形式，認為它已失去現實意義，因此，他們提出了自己的危機理論，如奧康納爾的財政危機理論，哈伯瑪斯與來利班德的合法性危機理論。這些理論都源於這樣一種認識，即大大膨脹了的國家作用已給資本主義帶來許多新的問題，把危機的場所由經濟本身轉移到了政治、意識形態和文化的領域。阿格爾說道：「他們從馬克思的政治經濟學，特別是從馬克思的資本主義國家理論中尋找根據。……既力圖從經驗上證明國家據以干預濟經活動的方式，又力圖明確地指出這種國家干預造成的新有的危機問題。」[5]

其二是以萊易斯和他本人為代表的對資本主義危機的新探索。這一新探索認為，不僅資本主義生產過程中存在著根深蒂固的矛盾，而且生產過程與整個生態系統相互作用的方式也存在著根深蒂固的矛盾。一方面，資本主義商品生產的擴張主義的動力導致資源不斷減少和環境受到污染，另一方面，現代的統治方式又

引導人們依賴於商品的異化消費。阿格爾指
出，「這種生態危機論，或我們所說的生態學
的馬克思主義，認為限制工業增長的迫切要求
將形成強大的動力，這些壓力也許會迫使人們
對作為工業資本主義文明的目標和方法進行徹
底的重新評價」，「這種生態危機理論並沒有植
根於國家分析的新馬克思主義危機理論那樣受
到明顯的關注，但其重要性並不亞於它」[6]。

　　阿格爾認為，上述兩種對資本主義危機的
新探索，或者說兩種新的資本主義危機理論，
是相互補充的。「國家理論涉及的是資本主義
的權力關係，而生態學的馬克思主義所提出的
小規模的、非極權主義的社會主義理論則為國
家問題研究人員提供理想的因素，使其越過資
本主義看到新的社會經濟結構」。「在這個意義
上說，生態危機論比國家理論更注重於理想和
未來，因為國家理論主要涉及的是表述壟斷資
本主義的階級和權力的結構。」[7]阿格爾還指
出，與哈伯瑪斯等人的危機理論相比，「生態
學的馬克思主義是從不同的、更深一層的發達

資本主義的角度來理解矛盾的。它把矛盾置於
資本主義生產與整個生態系統之間的基本矛盾
這一高度來加以認識」[8]。

　　儘管阿格爾籠統地斷言馬克思原有的資本
主義危機理論已失去時效不能為我們所接受，
但他基於資本主義新的變化，要求重新探索資
本主義的危機理論是正確的；他高度肯定西方
馬克思主義者所提出的兩種新的危機理論，特
別是生態危機理論，也無可非議。

（二）走向生態學的馬克思主義

　　阿格爾認為，正是在重新探索資本主義的
危機理論的過程中，形成了生態社會主義。他
的這部著作的最後一章最後一節的標題就是
「走向生態學的馬克思主義」[9]。他還預言，在未
來，生態學的馬克思主義將成為馬克思主義的
主流，成為指導社會變革的一種主要馬克思主
義理論。他說道：「80年代的大規模的社會變
革可能會表現為一種 —— 生態學的馬克思主
義」。[10]

在阿格爾看來，生態社會主義、生態學的馬克思主義的基本觀點就是確認當今資本主義社會「危機的趨勢已轉移到消費領域，即生態危機取代了經濟危機」，「資本主義由於不能為了向人們提供緩解其異化所需要的無窮無盡的商品而維持其現存工業增長速度，因而將觸發這一危機」[11]。

他強調，生態社會主義、生態學的馬克思主義是一種馬克思主義，之所以可以這樣說，關鍵在於，「它是從資本主義的擴張動力中來尋找揮霍性的工業生產的原因的，它並沒有忽視階級結構」[12]。但與此同時他又強調，生態學的馬克思主義不是簡單地重述了原有的馬克思主義的觀點，而是向前發展了原有的馬克思主義觀點。

他認為，原有的馬克思主義關於資本主義的危機理論的「危機」要害是缺乏一種「需要理論」，而這種理論對於「後社會主義」是必不可少的。生態學的馬克思主義旨在證明危機趨勢可以產生一系列需要，新需要反過來又可以

轉化爲激進社會變革的動力。這勢必要導致批判「異化消費」現象，提出一種「需要結構理論」。他說道：「在考察危機理論時，我們將對我們稱之爲『異化消費』的現象，即異化勞動的合乎邏輯的對應現象進行分析；我們認爲這是大多數馬克思主義者所忽視的一個課題。」[13]

　　阿格爾所說的「異化消費」指的是當代資本主義社會爲了延緩經濟危機而力圖歪曲滿足需要的本質，誘使人們在市場機制下把追求消費作爲眞正的滿足，進而導致過度消費。它表現爲——人們往往根據消費的多少來衡量自己幸福的程度，其結果造成這種需求超出自然界所能承擔的程度。他明確地指出：「生態學的馬克思主義包含兩種分析觀點：一方面，它認爲資本主義商品生產的擴張主義的動力導致資源不斷減少和大氣受到污染的環境問題；另一方面，它力圖評價現代的統治形式，人類在這種統治形式中從感情上依附於商品的異化消費，力圖擺脫獨裁主義的協調和異化勞動的負擔。」[14]

阿格爾認為，生態社會主義、生態學的馬克思主義的獨創之處是提出了一種「破碎了的期望的辯證法」（the dialectic of shattered expectations）作為社會變革模式，以取代植根於傳統馬克思主義的資本主義危機理論中的社會變革模式。而正是這一「破碎了的期望的辯證法」使傳統馬克思主義的資本主義危機理論得以恢復活力。他說：「生態學的馬克思主義認為，新的危機動態是由我們稱之為『期望破碎了的辯證法』引起的，這種辯證法是消費者突然從對資本主義的生產和消費的幻想中清醒過來和可能重新調整對於幸福涵義理解的過程。」[15]他所說的「破碎了的期望的辯證法」包含著下述不可分割的四個過程：其一，當代資本主義社會從人類可以期望得到永無止境的商品的消費中獲得其合法性，這就是說，當代資本主義社會的合法性是建立在刺激人們對商品的、沒完沒了的消費的、期望的、基礎上的；其二，由於生態系統無力支撐、無限增長，人們本以為可以源源不斷提供商品的局面不可能

持久下去，這樣就使當代資本主義在工業繁榮和物質豐裕的時期竟出現了供應危機，這就是說，當代資本主義社會的生態危機必然轉化為供應危機；其三，人們已習慣於把自己期望的那份物質豐裕視為是異化勞動的補償，當供應危機來臨之時，他們的期望破碎了，開始對資本主義可以無限滿足人的物質慾求這一點喪失信心，繼而對整個資本主義制度產生懷疑，於是他們重新考慮人究竟需要什麼；其四，正是在這期望破碎的過程中，在重新考慮人究竟需要什麼的過程中，產生了出人意料的後果，這就是摧毀了許多陳腐的需求觀念和價值觀念，產生了新的期望和滿足這些期望的方式，正是在那些期望破碎了的人的身上煥發出了新的期望。

　　面臨日益嚴重的生態危機，人們處於悲觀之中。阿格爾認為，正是生態學的馬克思主義的「破碎了的期望的辯證法」使人們從這種悲觀中解脫了出來。他說：「正是在我們稱為『破碎了的期望的辯證法』的動態過程中，我們

看到了進行社會主義變革的強大的動力。」[16]生態危機摧毀了許多原有的需求觀念和價值觀念，使許多人對未來感到手足無措。一些人以爲人類馬上會放棄現代化的生活。需要人們在諸如自己動手烤麵包這樣一些起碼的家務勞動中花費更多的時間，以徒步代替乘車，少吃營養較多以糧食餵養的肉類而多吃生態上較少浪費的非肉類蛋白物質。對許多人來說，這似乎像是世界末日。生態學的馬克思主義可以幫助人們消除這種誤解，因爲他在促使人們摧毀原有的需求觀念和期望時，會使人們確立起新的需求觀念和期望，幫助人們經歷一場需求的革命和期望的革命。而一當人們實現了這場革命，確立起新的需求觀念和期望之時，樂觀、向上的氣氛將會重新回到人間。

　　阿格爾在這裡概括了生態社會主義的基本觀點。從他的論述中人們可以了解到生態社會主義的核心是認定生態危機是當代資本主義社會的主要危機，而消除這一危機的出路是消除異化消費，實現人的需求的革命。他的引人注

目之處在於透過其「破碎了的期望的辯證法」
把解決生態問題的鬥爭與社會主義的前景聯繫
在一起，允諾人們一個光明的前途。

(三) 沿著分散化和非官僚化的道路去改
　　　造資本主義

　　阿格爾不但從宏觀的角度論述了解決生態
危機建立社會主義的可能性，而且又具體地指
明了在當代資本主義社會中如何著手去做。

　　他這樣說道：「生態學的馬克思主義的目
的是雙重的。它要設計將打破過度生產和過度
消費控制的社會主義的未來。克服過度生產將
來的辦法是實施分散工業生產和降低工業生產
的規模；克服過度消費的辦法是向人們提供有
意義的、非異化勞動（這種勞動是小規模的、
民主管理的生產者聯合體的勞動）。因此，它提
供了如下的論證：生態危機將迫使資本家削減
商品生產；將促使人們透過我們稱之為破碎了
的期望的辯證法去調整自己的需求和價值觀，
並向人們提供創造性勞動的前景，進而使人們

從不必要的（且有害於生態的）消費中擺脫出來。」[17]從阿格爾的這段話中可以知道，他把解決生態危機具體化為消除過度生產和過度消費，而又認為消除過度生產和過度消費的關鍵就是實施分散化和非官僚化。他強調，從表面看來，由於當今資本主義的危機已轉移到了消費領域，所以解決危機也必須主要在消費領域中進行，但實際上，危機的解決會反作用於生產領域，解決危機應主要在生產領域中進行，即透過小規模技術和工人管理，促進生產過程的非官僚化和民主化。他說：「人的滿足最終在於生產活動而不在於消費活動」。[18]當然，在他的架構中，分散化和非官僚化不僅適用於技術、生產過程，也同樣適用於社會、政治過程。更確切地說，沿著分散化和非官僚化的方向去改造資本主義社會，其結果不僅僅可以解決生態危機，保護生態環境，而且可以從整體上改變社會、經濟、政治制度。

　　阿格爾用舒馬赫的新技術體制的概念，論述了分散化和非官僚化的社會政治意義。英籍

法國經濟學家舒馬赫在《小的是美好的》一書
中分析了發達資本主義國家的資本密集型、資
源密集型產業的一些弊病，而提倡一種小規
模、分散化、採用「中間技術」（即介於先進技
術與傳統技術之間的技術）的經濟模式，以替
代現行的、大規模的、集中化的經濟。他還從
各種道德的和政治的前提出發，論證了大的未
必就是好的，而小的才是美好的。阿格爾一方
面藉助於舒馬赫的思想，引申出社會主義經濟
就是一種分散化、非官僚化的經濟；另一方面
又批評舒馬赫沒有把小規模技術與社會政治制
度變革聯繫起來，沒有充分理解技術與社會結
構的「連鎖性」。他說，「我們想『藉用』舒馬
赫關於新型技術體制的思想，並把它用於我們
所主張的技術和技術的激進理論中去」，「透過
使舒馬赫的觀點激進化，我們可以發現小規模
技術的社會政治意義」，「在資本主義的條件
下，小規模技術意味著不僅要改組資本主義工
業生產的技術過程，而且要改組那種社會制度
的權力關係」[19]。

　　阿格爾透過批評韋伯的科層制社會學，論
述了工業生產非官僚化的可能性。根據韋伯的
科層制社會學，不具人格特徵的等級制官僚組
織是以高度分工、自下而上管理爲特徵的現代
工業社會的必要條件，這就是說，官僚主義是
與現代工業生產必然捆在一起的。韋伯的科層
社會學包含著兩個假設：一是等級制爲現代工
業生產所必需；二是官僚主義爲高度分工所必
需。阿格爾對韋伯的科層社會學提出異議，他
指出，雖然韋伯個人對這些等級制的官僚組織
最終會多麼人道這一點持有保留態度，但他所
導致的社會學傳統卻是建立在工業社會制度的
所謂官僚必然性基礎之上的。關於我們小規模
技術的概念同韋伯的官僚主義社會學是根本對
立的，因爲我們認爲假如生產過程分散化，是
可以民主地組織生產過程的。在阿格爾看來，
韋伯的官僚主義社會的要害就是「有助於發達
資本主義社會的工業生產過程的集中和官僚
化」。他說，他批評韋伯的觀點就是要樹立這樣
的觀念：「讓工人對工廠或辦公室的決策處於

無能爲力的狀態或使工人從屬於高度破碎化的
生產過程，並不是工業生產本身不可缺少的因
素」。[20]他強調，「只有按小規模技術發展起來
的民主組織和調節的生產過程才能使工人從官
僚化的組織系統中解放出來」，「工業生產實行
有效的分散化只會導致社會主義變革，如果伴
之以廢除勞動的等級制組織和廢除勞動過程的
細微破碎化的話」[21]。

　　阿格爾結合分析南斯拉夫的模式，探索了
工人管理對於分散化、非官僚化的馬克思主義
意義。他指出，儘管南斯拉夫的勞動過程尚沒
有實現非官僚化，企業中尚存在破碎化的分
工，還存在權力和決策的官僚化，但南斯拉夫
的工人管理在走向分散化和非官僚化的道路上
已跨出了決定性的一步。「我們可以從南斯拉
夫的工人管理和工業自治的經驗中學到許多關
於適合使人生存的社會激進化的東西。」[22]「工
人管理將使生產過程的極度集中和政治化減少
其危害性。因此，工人管理的概念把我們透過
生態危機理論進行激進社會變革的綱領『馬克

思主義化』了。這是非官僚化、分散化與傳統
馬克思主義的非異化勞動目標之間所缺少的一
環。」[23]他強調，馬克思關於社會主義自由的觀
點意味著在共產主義條件下工人必須直接參與
管理自己的勞動過程。南斯拉夫意義上的工人
管理部分的確符合這一目標。馬克思賦予擁有
生產資料和管理生產資料處於同等重要的地
位。南斯拉夫的模式使工人可以把社會主義的
生產資料所有制的抽象目標與政治上分散化的
結構模式聯繫起來。這就是南斯拉夫模式的馬
克思主義意義所在。

　　阿格爾把實施分散化、非官僚化，實行工
人管理視為解除生態危機，改造資本主義，進
而走向社會主義的唯一有效途徑，並產生過廣
泛的影響，這成了20世紀70、80年代生態學的
馬克思主義的一個引人矚目的主張。這一主張
不但在理論上有重大漏洞，而且在實踐上也無
法推行。因此到了20世紀80、90年代，就是生
態學的馬克思主義本身的一些代表人物，也擯
棄了這一主張。例如在20世紀80、90年代的生

態學的馬克思主義者都普遍反對舒馬赫主義，
他們指出，在整個世界經濟已形成一個關聯體
系，根本無法將它分割爲一個獨立的、分散的
部分的情況下，在日益加劇的失業、能源短缺
問題已成爲全局性、世界性難題的情況下，小
規模、分散化經濟是不現實的。

（四）把生態學的馬克思主義嫁接到美國的民主主義上去

阿格爾對生態社會主義、生態學的馬克思
主義的闡述，始終緊密結合北美，特別是美國
的實際。透過結合美國的實際來研究生態學的
馬克思主義，他得出的一個基本結論是，生態
學的馬克思主義能夠而且應該嫁接到美國的民
主主義上去。

他發現，美國政治生活中由來已久的民主
主義，傳統對高壓統治和大企業抱有根深蒂固
的不信任。誕生於19世紀70年代的美國民主主
義，起初主要是懷疑代議民主制，主張人們直
接管理自己，其政治理想是非集中化的、反國

家主義的。1968年的學生造反運動以後，美國
的民主主義又出現了一些新的特點，但「人民
應當積極參與決定自己的命運」這一基本主張
並沒有改變。阿格爾認為，可以把民主主義視
為是「激進民主」的同義詞。

　　他進一步發現，美國的民主主義非常貼近
以分散化、非官僚化和工人管理這三項基本要
求為基礎的生態激進主義，亦即生態學的馬克
思主義。這說明，生態學的馬克思主義完全可
以紮根在美國的土壤中。他說，「新馬克思主
義的意識形態是建立在工人對自己受統治、受
支配的生活感到不滿的基礎之上的」，「這種意
識形態可以在北美的土壤中生長。把傳統的美
國民主主義與歐洲馬克思主義的主題結合在一
起」，「單獨來看，馬克思主義與美國的政治文
化並不相干，但與傳統美國生活的民主主義基
礎相結合，馬克思主義作為一種意識形態就會
獲得生機，並以這種新的生機積極地對待社會
危機和生態的危機」[24]。

　　他還指出，把國家理論、階級理論和生態

激進主義結合起來，特別適宜於美國的環境，因爲這種結合能對集權的龐大體系持根深蒂固的懷疑態度的美國民主主義爲基礎。它能向消費者證明，對增長加以限制的要求不應視爲是沉重的社會代價，而應看作是以激進方式改造社會的良機，進而把民主主義嫁接到馬克思主義方向上去。離開了馬克思主義傳統，工業生產必然發生下降以導致消費期望的破滅，就不會引起激進的改革。然而，當民主主義把對現代生活的不滿結合成一種把過度生產和環境惡化解釋成是資本主義擴張的動力造成批判時，就會要求提出一種新的意識形態綜合一種特別適合於北美文化和政治土壤的新的意識形態。在他看來，把生態社會主義、生態學的馬克思主義嫁接到美國民主主義的緣由就在此。

　　阿格爾承認，大多數美國人民對傳統的馬克思主義保持著距離。但他指出，這是由於他們對馬克思主義的誤解造成的，即把馬克思主義理解成本質上是極權主義的。但實際上，當代形態生態學的馬克思主義完全是反極權主義

的。一但他們明白這一點，就會對馬克思主義
持歡迎的態度，就會積極地實施民主主義與馬
克思主義的結合，而這將給美國帶來美好的前
途。他說道：「這種意識形態上的綜合將向北
美人民揭示社會主義是可以合理分散化的、保
護能源的、非官僚主義的和尊重公民自由的一
種制度。同時，它還能引導由於過度生產和過
分控制勞動與閒暇生活而感到灰心喪氣的美國
人來關注社會主義的前景；沒有這種綜合，美
國的民主主義就缺乏充滿生機的馬克思主義的
因素。僅民主主義本身並不足以批判北美社會
的階級和權力制度。它雖對現行種種勢力感到
不滿，但並不知道怎樣才能有效地反對這些勢
力。」25

　　那麼如何具體著手把生態學的馬克思主義
嫁接到美國的民主主義上去呢？阿格爾認為應
從兩者最契合的地方，即對官僚化的批判開
始。官僚化是以破碎的分工為基礎的，所以從
批判官僚化開始，也就是從批判分工開始。對
分工的批判是溝通兩者的橋樑。正如資本家與

僱用勞動者的關係是資本主義社會制度的根本
經濟關係，在消費、文化領域，最根本的資本
主義關係是專家與非專家的「分工」。對於專家
主義，民主主義不滿，工人階級也沒有好感。
兩者在這一點上可以結成統一戰線。在這種情
況下，批判專家主義可以誘發對僱用關係的全
面批判。阿格爾藉助於上述分析得出結論，批
判分工與階級鬥爭目標是密切相關的。生態學
的馬克思主義的社會主義綱領，即首先主張對
專門知識實行民主化，逐步消滅分工，較之於
傳統的社會主義綱領，即首先主張把生產資料
交還給工人，更有可能成為首先突破資產階級
意識形態領導權的階級鬥爭形式。阿格爾認
為，假如生態學的馬克思主義與民主主義在批
判分工這一點上攜起手來，並成功地使之成為
一種階級鬥爭，那麼，馬克思主義在美國就紮
下了根，將對美國人民產生重大影響。他說：
「美國民主主義的民主氣質可以作為這種激進主
義的出發點」，「民主主義可以使馬克思主義傳
統以這樣一種方式美國化，即以傳統的美國人

對實行高壓統治的政府和對廣泛存在的官僚主
義的不信任態度爲基礎，把馬克思主義傳統美
國化」[26]。由於在阿格爾看來，批評分工和官僚
化是解決生態危機的關鍵，所以生態學的馬克
思主義與民主主義在批評分工和官僚化上的結
合也就是在解決生態危機上的結合。基於這一
認識，他又這樣說道：「民主主義（消費者破
碎了的期望）和馬克思主義（對資本主義的激
進批判）可以透過正確評價企圖解決資本主義
生態危機的努力所開闢的社會主義前景而結合
在一起。」[27]

　　阿格爾認爲，把生態社會主義、生態學的
馬克思主義嫁接到美國的民主主義上去做得最
成功的是馬爾庫塞。由馬爾庫塞的理論啓動的
20世紀60年代後期的美國反文化運動就是一場
生態學的馬克思主義與美國的民主主義相結合
的運動。他特別贊賞馬爾庫塞的《論解放》一
書，尤其是其中的「新感性」理論。他說：
「雖然許多批評家認爲馬爾庫塞是不可能取得成
功的後馬克思主義者，但他的《論解放》卻是

一本描述了民主主義（透過美國的反主流文化）
如何能與馬克思主義結合並相互補充而得益的
書。」[28]

　　阿格爾把綜合生態學的馬克思主義與美國
的民主主義而形成的一種新的馬克思主義稱為
「北美的馬克思主義」。並把「北美馬克思主義」
的思想來源作如下歸納：其一，以民主主義對
實行高壓統治的政府和大企業的批判為基礎，
對美國政府的合法性及累積問題所作的批判；
其二，對工業過度生產和過度消費所造成的有
害於生態的後果所進行的批判；其三，以民主
主義對官僚主義中央集權的批判為基礎，對工
廠和辦公室中的僵硬分工現象所作的批判。[29]

　　在阿格爾的生態社會主義、生態學的馬克
思主義理論體系中，最有吸引力的就是把關於
生態社會主義、生態學的馬克思主義嫁接於美
國的民主主義的論述。他醉心於「北美馬克思
主義」的建設。儘管這不失為一種探索，但正
如許多評論者所指出的，這過於浪漫了，僅是
烏托邦式的臆想。

註釋

1. 阿格爾（1979）：《西方馬克思主義導論》，加利
   福尼亞古得伊爾出版公司，第316頁。
2. 同上，第316頁。
3. 同上，第269頁。
4. 同上，第268頁。
5. 同上，第270頁。
6. 同上，第272頁。
7. 同上，第273頁。
8. 同上，第273頁。
9. 同上，第316頁。
10. 同上，第268頁。
11. 同上，第316頁。
12. 同上，第272頁。
13. 同上，第272頁。
14. 同上，第272頁。
15. 同上，第272頁。
16. 同上，第323頁。
17. 同上，第272-273頁。

18. 同上，第309頁。

19. 同上，第326頁。

20. 同上，第328頁。

21. 同上，第328頁。

22. 同上，第328頁。

23. 同上，第329頁。

24. 同上，第275頁。

25. 同上，第276頁。

26. 同上，第337頁。

27. 同上，第339頁。

28. 同上，第338頁。

29. 同上，第277頁。

30. 同上，第308頁。

第三章
萊易斯

　　威廉・萊易斯（William Leiss）是美國著名的社會學家，生態社會主義的重要代表人物。

　　萊易斯師承法蘭克福學派的馬庫色，馬庫色的《單向度的人》、《論解放》、《反革命與造反》等著作中關於生態革命、自然革命的理論深深地影響了他。可以說，萊易斯是馬庫色這一方面理論的主要繼承者，他是法蘭克福學派的批判理論與生態社會主義之間的橋樑。進而也有人把他列為法蘭克福學派的成員。他在美國聖地亞哥大學獲得博士學位，1968年起至加拿人安大略省約克大學環境研究所從事教育和研究工作以後，一直追隨馬庫色，日益成為

生態學左派。他在《哲學論壇》、《國際社會科
學期刊》、《目的》、《加拿大公共管理》等雜
誌上發表的有關環境和生態問題的哲學、社會
學文章產生了廣泛的影響。他接連出版的《自
然的控制》和《滿足的極限》兩書，則成了生
態學的馬克思主義的最重要的著作。

　　眞正使萊易斯一舉成名的是阿格爾。正是
阿格爾在《西方馬克思主義導論》一書中正式
提出了生態學的馬克思主義的概念，並介紹了
當時還鮮爲人知的萊易斯的《自然的統治》和
《滿足的極限》這兩部著作，以生態社會主義、
作爲生態學的馬克思主義的代表作。阿格爾認
爲，對生態學的馬克思主義的觀點「表述得最
清楚、最具系統的」是萊易斯[1]。這樣，生態社
會主義、生態學的馬克思主義，連同萊易斯其
人及他的這兩部著作，都廣爲人知。生態學與
馬克思主義相結合，並在20世紀80年代於西方
左翼中產生影響，發展成爲一種新社會運動，
與萊易斯，特別是與他的這兩部著作，不無關
係。

　　萊易斯在生態社會主義、生態學的馬克思主義中的主要貢獻是旗幟鮮明地主張以馬克思主義透視綠色理論，致力於馬克思主義與生態學的結合。正是從他開始，一些生態主義者又公開地、明確地自稱是社會主義者。他一方面強調對馬克思異化理論的繼承，竭力批判資本主義的消費異化現象，預言社會革命的導火線將出現在消費領域而不是生產領域；另一方面又注重對生態社會主義模式的構想，明確提出了生態社會主義的政治、經濟、社會生活、意識形態等方面的要求。

　　萊易斯的《自然的統治》和《滿足的極限》兩書都出版於20世紀70年代。之後他又出版了一系列具影響力的著作，如《自由主義的困境和社會主義》（1988年）、《廣告中的社會交往》（1986年）、《受技術的影響》（1990年）等。這裡則主要分析作為生態學的馬克思主義的代表作的《自然的統治》和《滿足的極限》兩書中的觀點。

一、《自然的統治》（1972年）

　　《自然的統治》既是萊易斯的代表作，又是整個生態社會主義的代表作。全書對「控制自然」這一觀念的歷史、哲學和社會意義展開了廣泛而深入的探討。圍繞著控制自然與控制人這兩方面的內在的邏輯聯繫，全面地論述了生態社會主義的基本立場與觀點。書中所提出的一系列論點，被西方的左翼生態運動所廣泛吸收。全節共分上下兩篇。上篇〈觀念探究：歷史的考察〉，考察了控制自然這一觀念的歷史根源和演變。他把這一觀念的內在矛盾追溯到古代傳統神話、宗教世界觀和文藝復興時期的煉金術的觀點；又著力研究了弗蘭西斯·培根對於控制自然觀念的貢獻；還分析了17世紀以後控制自然觀念的種種現代形式。下篇〈科學，技術，和自然的控制〉，則根據20世紀三個哲學家的有關思想，即馬克斯·舍勒的科學是「控制學」的思想、胡塞爾對科學和自然與生活世

界的自然的區分、馬克斯‧霍克海默的社會批
判理論，深入討論了控制自然、科學技術與社
會進步之間的內在聯繫。最後一章〈自然的解
放？〉是全書的重點，試圖對控制自然的觀念
給予新的解釋。另外，還有一個附錄，題為
〈技術合理性：馬庫色及其批評者〉。

（一）控制自然的觀念是生態危機最深層的根源

　　萊易斯在本書的一開頭就批評了在生態問
題、環境問題上的膚淺的觀點，即把解決環境
問題僅僅看作是一個經濟代價核算問題，把環
境質量看作是一種在價格合適時可以購得的商
品。這是官方機構通常持有的觀點。他說，當
環境問題第一次受到廣泛公開的關注的時候，
官方決策機構便迅速行動，「在現存的言談的
框架內確定這個問題的位置」。在官方決策機構
的授意下，每家大公司都迅速分立出一個子公
司，「保證設計生產出能夠『清潔』有害環境
的產品」。官方決策機構反覆透過宣揚這樣的論

調來安撫人心：「環境問題基本上是一個經濟
代價問題」，「環境質量是諸種商品中吸引人的
一種」，只要生產的成本產生了，只要人們經歷
一個漲價的過程，環境問題是不難解決的，人
們完全可以用金錢去購買到好的環境。萊易斯
一針見血地指出：「這其中有兩個強有力的社
會機制在起作用：市場取向標準的普遍性和對
工業技術革新能力的崇高信仰。」[2]他向這些官
方機構提出了一連串的問題：「『環境質量』的
最充分的意義僅僅是一種可慾求的商品，在價
格合適的時候就可以購得——或者說，它僅保
證它不阻礙物質滿足的節節上升嗎？它是誘人
的商品大廈的最後裝飾，是增加對產品享受的
手段嗎？它意味著水上摩托車及遊艇可以呼嘯
暢遊其上的明媚的湖水，繁忙的顧客可以在清
新空氣的市區中光顧一個又一個的商店，或意
味著城市居民可以帶著他的熱水淋浴、抽水馬
桶、電冰箱、電磁爐、立體音響和電視機到清
潔的森林中露宿紮營嗎？」[3]他強調，「把環境
問題歸屬於經濟核算問題」實際上是一個「陷

阱」，倘若相信它就會成爲「落入陷阱的犧牲
品」，「結果是完全把自然的一切置於爲了滿足
人的需要的純粹對象的地位」[4]。

　　萊易斯慶幸並不是所有人都落入了這一由
官方決策機構所設下的陷阱。「對環境問題內
在因素的更深的理解已使許多人超越了官方對
這個問題的解釋」，「在這個過程中每前進一
步，都會有更多的個人和團體能夠穿透官方理
性化的煙幕而認識到所發生問題的意義」。但是
萊易斯馬上又指出，當人們擺脫由官方所設下
的陷阱時，想不到又落入了另一種陷阱，這是
由思想家們所設下的陷阱。

　　一些思想家喋喋不休地宣揚，環境問題的
根源在於科學技術本身，強調科學和技術是可
以詛咒的對象，對這些假神的頂禮膜拜是生態
危機和一切災害的根源。馬克斯‧舍勒就是其
中的一位。萊易斯激烈地批評了馬克斯‧舍勒
把科學和控制自然緊密聯繫在一起的觀點。按
照馬克斯‧舍勒的科學「控制學」，科學本質上
是一種關於控制的知識，科學知識必然排除價

值判斷，科學貶低所有那些對人支配事物沒有
幫助的東西，同時又堅持優先認識自然現象中
那些適合控制意圖的東西。科學本身就蘊含著
對自然的控制，這是科學「題中應有之義」。萊
易斯指出：「在馬克斯‧舍勒等人關於科學對
世界的控制是一項實用事業的觀點中的錯誤，
是沒有對人的目標和目的範圍進行分析。只說
明對自然的科學研究及其技術應用是發生在一
種操作的結構內還是很不夠的。關鍵的問題
是，在何種特殊的社會背景中是它操作的？」[5]
「舍勒的基本錯誤是只研究整體的對強力的追
求，而沒有進一步分析它相互衝突的成分；後
者是理解追求控制的歷史動力的關鍵。」[6]萊易
斯的意思是舍勒的錯誤在於撇開了特殊的社會
歷史背景，而單純在操作的層面上來論述科學
的對自然的控制，沒有真正揭示出科學在控制
自然的過程中相互衝突的諸種成分，這樣就無
法索解「追求控制的真正的歷史動機，於是，
萊易斯得出結論：控制學的概念是不完全的，
因為如果這其中的『控制』一詞的涵義沒有弄

得更清楚的話，我們就不能領會科學和技術作
爲獲得對自然控制的工具而起作用的意義。」[7]
萊易斯在分析舍勒等人關於科學技術本身就是
對自然控制的觀點的基礎上明確地說道，「人
征服自然是透過科學和技術手段實現的」，是數
千年來思想家的一個共同的見解，只有認眞地
揭示出這一觀點的眞實涵義，「才有可能表明
人控制自然的全部意圖已經被它遮蔽了」[8]。在
萊易斯看來，在現實社會中，科學技術履行控
制自然的功能，這僅僅是個現象，在現象背後
還有更深刻的東西，舍勒等人的錯誤就在於
「把徵兆當作根源」[9]。如果把徵兆當作根源，那
就必然落入思想家們所設下的陷阱。爲了避免
這一下場，唯一的出路是透過這一徵兆，尋找
出眞正的根源。

　　那麼，造成生態危機的眞正根源究竟是什
麼？解決環境問題的關鍵究竟在哪裡？萊易斯
在揭示上述兩種陷阱的基礎上，明確地指出：
造成生態危機的眞正根源是千百年流傳下來，
厚厚地沈澱在人們頭腦中的控制自然的觀念，

而解決環境問題的關鍵也正在於改變人們原有的控制自然的觀念。在他看來，控制自然的觀念是一種意識形態，正是這種意識形態造成了與日俱增的環境問題。控制自然的觀念這種意識形態具有意識形態的一般特徵，「作爲一種虛假意識，它是社會基本矛盾的指示器」，「它可以用來掩蓋這些矛盾」。只有深入理解了這種意識形態的本性及其功能，才能找到解決環境問題的根本出路。

他認爲，「科學技術僅僅是控制自然這一逐漸廣爲人知的更宏大計畫的有力工具」[10]，理解了這一點，就能進一步知曉科學技術充其量只是控制自然的工具，而眞正導致對自然進行肆無忌憚地盤剝的是使用這種工具的人的觀念，即某種控制自然的意識形態。控制自然的觀念是建立在「自然」與「社會」在方法論上的分離的基礎上的。當然這種分離正如同人類社會本身一樣古老；然而只是在現代西方社會它才提昇到指導人類行爲的自覺原則的地位。萊易斯藉用色格‧馬斯克威西的著作《論自然

的人類歷史》中的一段話來說明控制自然這觀
念的基本立論：社會是唯一有意義的和發展的
領域，而自然只不過是社會的支撐結構。[11]

他還強調，「控制自然這一觀念是自相矛
盾的，它既是其進步性也是其退步性的根源」
[12]。現在的問題一是人們往往只看到其進步性的
一面而無視其退步性的一面；二是即使人們看
到了其兩面性，又不能更進一步認識到其進步
性在不斷減弱，而退步性卻日益加劇。

萊易斯在這裡把生態危機、環境問題的根
源歸結於控制自然的觀念是一種深刻的見解，
他從意識形態批判的角度抓住了生態危機、環
境問題的要害，給予深刻的啓示。許多生態社
會主義者正是從萊易斯的這一基本觀點出發，
展開了全部的生態社會主義理論。

（二）控制自然與控制人這兩方面存在著
內在的邏輯聯繫

萊易斯再進一步具體敘述控制自然的觀念
的負面效應時，提出了這一觀念的最大危害不

僅僅在於造成了對自然的控制，而更在於帶來了對人的控制。

在萊易斯看來，關鍵在於控制自然是與控制人不可分割地聯繫在一起的。他說：「我在這本書中企圖論證的假說就是，控制的這兩個方面在它們全部的歷史發展中存在著內在的、邏輯的聯繫」[13]。他還說：「在由『征服』自然的觀念培養起來的虛妄的希望中隱藏著現時代最致命的歷史動力之一：控制自然和控制人之間的不可分割的聯繫。」[14]萊易斯這句話包含著兩層非常重要的涵義：其一，控制自然的觀念使控制自然與控制人相互結合在一起；其二，正是這種控制自然與控制人的結合構成了當代歷史發展的動力。

那麼控制自然又是怎麼樣和控制人不可分割地聯繫在一起的呢？這正是萊易斯論述的重點。他指出，人類控制自然觀念的主要功用之一，即它成為一種重大的社會意識形態的作用，是阻礙對人際關係中新發展的控制形式的覺悟。控制自然的觀念這種意識形態不但使人

們對自然的控制視為理所當然，而且又導致人
們無法意識到人際關係中控制的存在。這種意
識形態的最根本的目標不但是控制自然，而且
是把全部自然（包括人的自然）作為滿足人的
不可滿足的的慾望的材料來加以理解和占用。
至關重要倒不在於「生產機構無限地擴張成了
它的信條」，而在於「評價它的成果對於人的價
值的一切合理標準卻遭到破壞」。「在這一目標
所要達到的最後的階段，為生產可以提供的唯
一的理由是，許多人可以被引導到相信他們真
的需求和需要市場上供應的最新商品。在這個
階段，對自然和人的控制在社會統治階級的引
導下，內化為個人的心理過程；它是自我毀滅
的，因為消費和行為的強制性特徵破壞了人的
自由，並且否定了人類從外部強制的經驗中獲
得解放的漫長而艱難的努力，這種強制標誌著
人和自然的原始關係。」15

　　萊易斯著重透過論述霍克海默的有關理
論，來說明控制自然與控制人的內在聯繫。霍
克海默曾經提出理性在啓蒙過程中的主要作用

是作爲一種爲控制而鬥爭的工具，那麼理性的
這種控制作用主要體現在什麼地方？萊易斯認
爲，按照霍克海默的理論，「它首先表現爲對
外部自然的控制。理性首先變成一種工具，人
爲了自我保護用它來在外部自然中發現合適的
資源。它把自己和在感覺中給予的自然分離開
來，並在思維本身（我思）中找到了安全的論
點，在此基礎上，理性企圖發現使外部自然服
從其要求的手段」[16]。

　　萊易斯進一步指出，霍克海默的理論的深
刻之處在於他在論述理性對外部自然的控制
時，緊緊地和與對內部自然的控制聯繫在一
起。他說，霍克海默理論的重點是揭示出，
「理性對外部自然的控制與對內部自然的控制有
內在的聯繫。換句話說，由主觀理性實行的對
世界的控制預設了一個條件，在這種條件下人
的理性已經是它自家的主人，即在人性的領域
中它已經是主人，對外部自然的控制是以對內
部自然的控制爲前提」[17]。對外部自然的控制表
現爲技術的進步；對內部自然的控制表現爲現

代形態的為社會生產過程所需要的個人的克己和本能克制。個人的克己和本能克制，即對內部自然的控制，由於與對外部自然的控制聯繫在一起，進而顯得非常有理由，非常自覺。控制外部自然被設想成是為了開發自然資源，保證人們的物質利益。而要有效地實施這種控制，必須首先進行本能克制，本能克制是支持控制外部自然事業所必需的。追求控制自然的慾求越是強烈，個人的自我克制也就越是自覺。他說：「本能的克制——對內部自然的持續的控制和克制——是支持控制外部自然的事業所必需的，這種克制從已經達到的滿足需要的可能性來看顯得越來越不合理。」[18]

萊易斯高度肯定霍克海默把人類歷史的三個特徵即對自然的控制，對人的控制和社會衝突連結在一起。社會衝突是對自然的控制和對人的控制的連結因素。他說：「由於企圖征服自然，人與自然環境以及人與人之間為滿足需要而進行的鬥爭越演越烈，從局部地區擴展到全球範圍。人類在歷史上第一次成為一個整體

開始經歷一種特殊的衝突即普遍的全世界範圍
的衝突；一些遠離權力中心地方的顯然可能很
小的事件都會以它們對全球利益平衡的可能的
影響來解釋。地球似乎成了人類進行巨大自我
競技的舞台，人們為了實行對自然力的有力控
制而投入了激烈的紛爭。這似乎確證了黑格爾
的歷史是一個殺人場這句格言的真理性。」[19]由
於對自然的技術控制而加劇的衝突又陷入追求
新的技術以進行人與人之間的政治控制。加劇
了的鬥爭使人與人更加拼命地彼此反對。在當
代社會中，人們可以明顯地看到，對自然的技
術控制透過操縱需求轉化為對人的控制。他
說：「由於陷入社會衝突，技術構成了一種把
控制自然和控制人聯繫在一起的手段。」[20]「在
全球化競爭的過程中，人成了為控制自然而製
造的工具的奴僕。」[21]

　　萊易斯還指出，正因為霍克海默把對自然
的控制與對人的控制緊緊聯繫在一起，所以霍
克海默必然順理成章地把自然的反抗與人性的
反抗看作一回事。透過控制自然環境和控制人

性的新技術的發展而增長的對人的控制，並不
是沒有遭到反抗。霍克海默提出「自然的反抗」
概念來分析這個問題。萊易斯認為這是一個卓
越的有創造性的概念，儘管它還沒有得到應有
的注意。「自然的反抗意味著人性的反抗，它
是以長久被壓抑的本能慾望的暴力反抗型式發
生的。」[22]在萊易斯看來，霍克海默理論的最有
價值的地方就是提出了「自然的反抗意味著人
性的反抗」。而這種反抗的程度又是同壓抑的程
度成正比的。他說：「更大的壓力相應地產生
更加猛烈反抗的暴發；在現代社會中對外部自
然和內部自然兩方面實行的控制程度的擴大，
也是自然反抗潛能加強的尺度。」[23]由於自然的
反抗與人性的反抗不可分，進而對自然的破壞
也必然有一個限度。他說，「自然反抗的觀念
表明，在擴大控制的過程中存在著內在的界限」
[24]，「在一種不同意義上的自然反抗的概念可以
應用到自然環境的生態的破壞。在對外部自然
本身不合理開發中也存在著固有的界限。……
如果事實上自然環境不能寬容目前不合理的技

術應用水平，不蒙受支配它的自我更新循環的機制的破壞，那麼我們就有理由談論伴隨人性反抗而發生的外部自然的反抗」[25]。

萊易斯藉用霍克海默等人的論述揭示出控制自然與控制人之間的內在聯繫，並在此基礎上提出自然的反抗意味著人性的反抗，是值得肯定的。這說明他並沒有脫離社會關係抽象地研究人和自然之間的關係。

（三）控制自然應重新解釋為對人類和自然之間關係的控制

萊易斯認為控制自然的觀念是近代社會以來在西方世界影響最持久的一種意識形態。這種意識形態以普遍的形式遮蔽著控制自然與控制人之間的聯繫。關鍵在於，必須認識到，這種意識形態是資本主義社會最基本的意識形態。縱觀文明歷史，不難看出，出現這種意識形態的第一個社會制度就是西方的資本主義。正是在這種意識形態的指引下，資本主義社會自覺地與傳統決裂，千方百計地去追求推翻一

切「自然主義」思維和行為方式，與此同時，
把為了滿足人類的物質需要而發展生產力作為
自己壓倒一切的任務。

　　他強調，控制自然的觀念這種意識形態的
功能經歷了一個歷史的演變過程。在17世紀它
所表現出來的主要是一種積極的作用，這就是
幫助人們消除對人的技術可能性的絕望，鼓舞
人們相信人可以根本改變生存的物質條件，鼓
勵人們對陳舊的科學和哲學教條展開批判。那
時，這種意識形態當然也有消極的方面，這就
是只看到現代科學技術是控制自然的工具，而
無視科學技術的發展與社會衝突和政治統治之
間的內在聯繫，但無疑，這種消極作用還沒有
充分地表現出來，因此還是潛在的。而到了20
世紀，這種消極作用終於從潛在的變成了現實
的。控制自然的觀念這一曾經是創造性的和進
步的意識形態變成了貧乏的、神秘的教條，它
成了社會發展真正的絆腳石。

　　他進一步揭示說，控制自然的觀念總是以
普遍的名義把控制自然說成是人類普遍的任

務，宣稱它會對整個人類而不是對某個特殊的
集團帶來利益，「解除人的處境的困難」是其
基本目標。但隨著時間的推移，人們越來越不
相信這種關於普遍性的說教了。他說：「三個
世紀之後，這個目標仍然十分遙遠。妨礙它實
現的環境既是它的概念中的毛病，也是它在其
中發展的、特殊的社會動力。……只要原始的
概念保留它的功效，控制自然的矛盾等諸方面
仍將是未被理解的，或者至少只是模模糊糊感
覺到的。但是有充分的跡象表明在未來的年度
裡它不會繼續保持它的功效；它的普遍性的意
義不再引起同樣熱烈的反應，征服自然和征服
人之間的錯綜複雜的矛盾對於許多個人來說越
發顯得兇多吉少。」[26]

　　面對控制自然的觀念的消極面的日益暴
露，面對這一觀念的「普遍性的神話」不斷被
人們所揭穿，出現了種種反對控制自然觀念的
新思想。萊易斯著重分析了其中兩種新的思
想，而它們都不能爲他所贊同。

　　第一種是關於「自然的解放」的新思想。

由於控制自然的觀念在資本主義社會中是一種
主流意識形態，進而萊易斯把「自然的解放」
的新思想稱爲「反意識形態」。他認爲，「自然
的解放」這種「反意識形態」是隨著控制自然
觀念內在矛盾日益暴露，人們對它的信仰發生
動搖而形成的。人們感到控制自然似乎不是人
類的偉大事業，而是維護特殊統治集團利益的
手段，在這種情況下，敵視它、反對它是十分
自然的。問題在於，因爲實際上人們是在沒有
眞正理解控制自然的觀念的內在矛盾的前提下
反對這一觀念的，所以就從一個片面走向了另
一個片面，即從盲從控制自然的觀念走向了憎
恨這一觀念，從「意識形態走向了反意識形
態」。首先，法西斯主義就曾利用過這種反意識
形態。他說：「法西斯主義的意識形態在它的
『血統和土地』理論中的自然概念就是作爲反對
理性主義的武器來使用的：自然的王國被推崇
爲感情、靈感和行動的、原始的和眞正的源
泉，它與產生於理性反思的、歪曲的概念相對
立：向這個源泉的恢復被斷定是爲文化疾病提

供治療和爲正確的行爲提供指導。自然應從文明的枷鎖中解放出來。」[27]其次，以「眞正的社會主義」爲代表的自然主義的社會主義也曾乞求過這種反意識形態。他說：「在19世紀早期階段的社會主義理論中，自然解放的概念具有一種意識形態的外表。在1840年前後，有一派思想家，費爾巴哈在他們當中具有根本的影響，以回到『自然的』秩序的名義設計出他們對社會主義和共產主義的要求。新的社會應當一反蒼白萎靡的過程，因爲按照他們的觀點，生活和幸福在自然領域是不分離的；他們認爲社會應當順應自然，這樣人的渴望才可以實現。」[28]萊易斯特別提到了馬克思和恩格斯在《德意志意識形態》一書中對這種眞正的社會主義的批評，明確地拒斥這種自然主義的社會主義。

　　第二種是關於「與自然和諧」的新思想。萊易斯承認，這一思想「具有一定的誘惑力」，確實，只要這種思想得到正確的表述，即不是表述爲對原始主義的崇拜和排擠一切機械化，

而是表述為消除浪費性的生產和對環境的破
壞，那麼這一思想還是很有價值的。但他馬上
又指出：「但如果把它作為一個口號加以教條
式的運用，作為表述對現行行為方式普遍不滿
的一種手段，那麼它就僅僅變成一種反意識形
態並因此失去它作為一種對立力量的效力。當
然這種新思想遠不如它歪曲的法西斯主義翻版
那樣危險；但是如果只是作為一句口號來運
用，那就會造成錯誤地設置社會鬥爭的戰線。
如果人們感到他們面臨的只是在全部接受或全
部拒斥現代技術之間選擇，那麼個人和團體當
中在反對現行制度中的潛在的統一方面就會被
不必要地減弱。教條式地描述拯救的意旨最終
會失掉合理地指導社會變革的可能性。」[29]在萊
易斯看來，「與自然和諧」的思想與「自然的
解放」的思想一樣都是一種反意識形態，其消
極性主要在於把人們推到這樣一種兩難境地：
要麼全部接受技術要麼全部拒斥技術，當然最
後的結局則是削弱人們在反對現行制度的鬥爭
中的統一性。

　　在批判上述兩種為反對控制自然的觀念而提出的流行的新思想的基礎上，萊易斯論述了他走出控制自然觀念的新思路。他強調，關鍵在於不是要從根本上抹掉控制自然的觀念，而是要對這一觀念加以新的解釋，賦予新的涵義。他說，「控制自然的觀念必須以這樣一種方式重新解釋，即它的主旨在於倫理的或道德的發展，而不是科學和技術的革新。從這個角度來看，控制自然中的進步將同時是解放自然中的進步」，「控制自然的任務應當解釋為把人的慾望的非理性和破壞性的方面置於控制之下。這種努力的成功將是自然的解放，亦即人性的解放：人類在和平中自由享受它的豐富智慧的成果」[30]。他認為從道德的角度來分析對自然的控制，將清楚地表明人類所面臨的最迫切的挑戰不是征服自然，而是發展能夠負責任地使用科學技術手段的能力，以及培養和保護這種能力的社會制度。當下，人們確實需要一種新觀念，這就是把控制自然解釋為人類意識的這樣一個高級階段，在這個階段，精神能夠以

儘量減少人類慾求的自我摧毀方面的方式來調
整它與自然的關係。他還說：「在這種新的意
義上的、控制自然的世俗基礎將是這樣一種社
會制度，在這種制度中公民廣泛地享有責任和
權力，所有的人都被鼓勵發展他們的批判能
力。」[31]

　　萊易斯最後藉用沃爾特‧班傑明的話把他
的新思路表述為「對人類和自然之間關係的控
制」。在他看來，應當把控制自然正確地解釋為
對人類和自然之間關係的控制。他說：「沃爾
特‧班傑明在1928年出版的一本小書的結尾處
談到，我們不應該把人類技術的本質看作控制
自然的能力。相反，他認為我們應該把它視為
對自然和人類之間關係的控制。這種態度將適
當地處理內部自然和外部自然的微妙的相互作
用。對自然和人類之間關係的控制（這種控制
將不再與產生社會統治結構的壓迫性需求相聯
繫）能夠實現在統治自然的原始概念中所蘊含
的進步希望。」[32]

　　萊易斯把控制自然重新解釋為對人與自然

關係的控制，是一個值得引起人們注意的深刻
見解。他所說的對人類與自然之間關係的控
制，按照他的說明實際上指的是限制人的慾望
中的非理性和破壞性的部分，負責任地使用科
學技術的力量，建立起能夠保護人的、負責任
的使用科學技術力量的能力的社會制度。這些
思想充分地表現他作爲一個生態社會主義者的
基礎立場。問題在於，他對控制自然的觀念作
這些新的解釋時又強調必須從倫理和道德的角
度展開思考，這說明他對於人類與自然之間關
係的控制的思想仍然帶有烏托邦主義色彩。

（四）馬克思對控制自然的複雜問題提出了最為深刻的見解

　　萊易斯對控制自然觀念的全部評述是在馬
克思主義的旗幟下進行的。他除了力圖運用馬
克思主義的立場、觀點和方法對控制自然的觀
念進行研究外，還直接對馬克思的有關理論作
了探討。
　　他的探討始於對馬克思的自然概念的研

究。他認為，「在馬克思所有時期的著作中，
自然概念都是最重要的範疇之一，經過勞動形
成的人與自然的相互作用對於馬克思來說是認
識歷史的關鍵」[33]。馬克思基於「19世紀的自然
科學和工業代表了正在發展著的『人對自然的
理論和實踐關係』迄今為止的最高形式」這一
認識，向自己提出了如下艱巨的任務：展開
「人對自然的理論和實踐的關係」兩個既清楚區
分又深刻聯繫著的方面，即一是「人本身是一
種自然的存在，而他的勞動能力僅僅是自然能
力的一種形式」；二是「人努力去改變自然以
滿足自己日益增長的需要」，萊易斯所關注的是
後一方面。

　　他引用了馬克思在《資本論》中的一段
話：「人以一種自然力的資格，與自然物質相
對立。他因為要在一種對於他自己的生活有用
的形態上占有自然物質，才推動各種屬於人身
體的自然力，推動臂膀和腿，頭和手。但當他
由這種運動，加作用於他以外的自然，並且變
化它時，他也就變化了他自己的自然，他會展

開各種睡眠在他本性內的潛能，使它們力的作用，受他自己控制。」[34]萊易斯認為馬克思在這裡概括地提出了人和自然關係的辯證法。自然是全部人類活動的「應用場所」，是一切社會組織形式所共同勞動過程的普遍基礎。人在活動中改變了自然世界，但也改變了自身。他的創造性展開了，開闢了利用自然資源的新的可能，而這一進程在無限地延續著。

　　萊易斯進一步指出，馬克思面對著以19世紀中葉的工業系統已經顯露出的潛在可能性為基礎的人類發展的質變。用機器替代勞動力將逐漸地把人從無盡的勞苦中解放出來，並且因此而可能出現一種新型的人。他還引用馬克思的話，對這種新型的人作了具體描述：他「不再是生產過程的主要當事者，而是站在生產過程的旁邊。……在這個轉變中，表現為生產和財富的宏大基礎的，既不是人本身完成的直接勞動，也不是人從事勞動的時間，而是對人本身的一般生產力的占有，是人對自然界的了解和透過人作為社會體的存在來對自然的統治，

總之，是社會個人的發展」[35]。

萊易斯引用馬克思的這些話以及對馬克思的自然概念、人與自然相互關係概念所作的論述，首先旨在說明馬克思本人原本對控制自然也持一種肯定、贊賞的態度。聖西門曾經像培根一樣謳歌人類利用知識對自然界的征服，「滿懷信心地預言工業化的基礎將給人類帶來美好的未來」，認為「在現代工業和技術的條件下，開發外部自然可以從根本上改變人類歷史的進程」。萊易斯認為，馬克思的理論就其本身來說，可以視為聖西門觀點的深入和發展。他說，「由於馬克思的觀點僅僅是對人與自然關係的一種說明」，所以與聖西門的觀點一樣是「抽象的」，「所抽象出來的東西使所有發展階段的勞動過程都具有了階段鬥爭的特性」[36]。

緊接著萊易斯就指出，馬克思關於自然以及人與自然相互關係的理論超越聖西門的觀點的地方在於，馬克思強調了「人與自然的相互作用不是自發地進行的，而是對人們利益衝突形成的強迫性的回應」，也就是說，馬克思在論

述人與自然的相互關係時緊緊地與人之間的關係聯繫在一起。在馬克思看來，在生產率更高的水平上，需求的表達和滿足越來越表現爲社會因素的間接調節作用，而不是那種純粹直接的推動。馬克思寫道，「在勞動過程只是一個單純的人與自然間的過程的限度內，它的簡單要素，在所有社會發展形式中是共同的」，但是在階級分化的社會中，「生產資料的發展及其社會形式」之間最終出現了不可避免的衝突，這終於導致改變勞動過程具體特徵的新制度的建立。[37]這樣，在資本主義社會中人們爲了滿足需求而與自然鬥爭，但他們的鬥爭是在一種規定的方式下，即在僱用勞動的條件下進行的，這與其它的社會的鬥爭形成了鮮明的對照。萊易斯認爲，從馬克思的這一論述出發，可以很自然地得出結論，在資本主義的社會中，在眞正解放人與自然的相互關係的問題，不僅僅要改變人控制自然的觀念，而且要把這一改變和變更資本主義的生產方式結合在一起。

萊易斯對馬克思的理論進一步分析說，抽

象地說，在任何時期人類統治自然的水平對所
有的人都是同樣的，也就是說，它都表現爲人
類本身所達到的一定發展階段。當然在現實
中，從控制自然中獲得物質利益的分配總是不
公平的。但是同樣重要的是，無論這種人類控
制達到什麼程度，某種社會階級分化的內部衝
突都使得人們的生產系統（控制自然是它的一
部分）不可能處於他們的控制之下。而只有在
一個無階級的社會中，才有可能出現人類眞正
控制生產系統的局面。馬克思在《資本論》第
三卷的最後一節中寫道：自由的實現在於「社
會化的人，相互聯合的生產者合理地安排他們
與自然之間的物質交換，使它處於他們的共同
控制之下，而不允許它盲目的力量來左右他
們」。恩格斯補充說：在社會主義條件下，人們
將第一次成爲「自然的眞正主人，因爲並據
此，他們成了自己社會化過程的主人」。[38]萊易
斯強調，馬克思和恩格斯提出只有在社會主義
社會中，人類才能眞正做到合理地安排他們與
自然之間的物質交換，才能在充當自然的主人

的同時建立起合乎人性的人與自然之間的相互
關係的思想，是「極爲深刻的見解」，「給馬克
思的理論，巨大的力量和內聚力」，「因爲它能
夠使人與自然不同形式的關係與一種社會變化
的理論結合起來」。[39]在萊易斯看來，馬克思的
與眾不同之處也是他的高明之處在於，他把一
種改變人與自然相互關係的理論變成了一種社
會變革的理論。萊易斯說道：「在他（指馬克
思—引者注）的一生中，他合理地表明控制自
然不是個別社會變化的重要因素，因爲（1）他
期望無產階級的一般社會意識會與在工業生產
中他們的勞動經驗所造成的對自然的控制同時
發展起來，並且（2）技術也不是資本主義社會
後來產生的虛僞意識——一種持久地掩蓋不公
正和階級衝突的重要方法—的根源。」[40]

　　萊易斯在充分肯定馬克思關於只有在社會
主義社會中才能最終解決人與自然相互衝突的
觀點以後，馬上又補充說，儘管馬克思的這一
觀點是正確的，但不能作爲今天討論的出發
點。原因是歷史的發展沒有發生「馬克思所預

示的**重大轉變**」，也就是說，雖然後來建立了社
會主義國家，但這些國家同樣沒有能解決人與
自然的衝突。他這樣說道：「這樣講並非貶低
社會主義國家的巨大成就，但是馬克思和恩格
斯無法預料，在理性的控制下，引起人與自然
物質相互交換的某種全球統一社會秩序形成的
可能結構。他們無法預見科學和技術的發展已
成為社會主義和資本主義國家之間殘酷鬥爭的
工具，或者說社會主義內部的『社會化過程』
會來自資本主義社會的強大軍隊和意識形態壓
力的影響而扭曲。」[41]萊易斯強調，這些社會主
義國家之所以也未能解決人與自然之間的相互
衝突，不是由於這一制度根本沒有這一能力，
不是「社會化」不管用，而主要在於資本主義
社會利用一切手段的干擾和破壞。然而不能因
為這些社會主義國家未能解決人與自然之間相
互衝突，就斷言馬克思認為只有在社會主義社
會中，只有在「社會化」狀態下才能解決人與
自然之間相互衝突的論斷是錯誤的。

　　在生態社會主義與馬克思主義的淵源關係

的問題上，存在著兩種對立的觀點：其一是，
否認馬克思著作中包含有生態社會主義的理
論，認為馬克思理論中強烈的工業主義和科學
主義傾向與生態社會主義的理論不相容；其二
是，強調在馬克思的著作中包含有生態社會主
義的觀點，馬克思是最早的生態社會主義者。
萊易斯持後一種觀點。他透過論述馬克思的自
然概念以及人與自然相互關係的概念，正確地
揭示了馬克思的生態社會主義思想。難能可貴
的是，他在高度肯定馬克思的生態社會主義的
理論的同時，還實事求是地分析了馬克思著作
中的一些自相矛盾之處。例如他指出，馬克思
和恩格斯在他們合著的《德意志意識形態》一
書中，對他們稱之為「真正的社會主義」派別
的工作作了很長一段批判，他們明確地拒斥這
種自然主義的社會主義；但是馬克思的1844年
手稿卻表明他本人在不久以前與這個派別的立
場是多麼接近。[42]

二、《滿足的極限》（1976年）

在《自然的控制》出版四年以後，萊易斯又寫下了《滿足的極限》一書。可以把《滿足的極限》視爲《自然的控制》的續篇。本書在生態學的馬克思主義中的影響甚至要超過《自然的控制》。20世紀80年代以後的生態學的馬克思主義的觀點在相當程度上來源於本書的觀點。全書圍繞著滿足這一概念深入地探討了人的眞實的需求與虛假的需求的區別，以及在何種意義上的滿足才是人的眞實的滿足，激烈地批判了現代資本主義社會中人們通常所追求的滿足對自然，對人本身所造成的種種危害。本節最吸引人之處是對晚期資本主義社會和國家社會主義社會中需求與商品之間關係的全面闡述。作者在這裡對當今和未來的馬克思主義者必須更多地重視自然與社會的關係的呼籲，獲得了許多人的響應。本書還探討了替代「高集約度的市場布局」的種種方案，如提出了建立

「易於生存的交往社會」的設想。本書在相當程
度上繼承和發展了馬庫色在《單向度的人》、
《反革命與造反》等著作中的一些理論，這說明
萊易斯無愧於馬庫色的學生。

（一）由量的標準轉向質的標準是未來社會迫切需要解決的事情

　　萊易斯提醒人們注意一百多年之前約翰・
斯圖亞特・穆勒在《政治經濟學原理》一書中
關於創立穩態經濟的論述。穆勒提出經濟增長
和人口增長要趨於穩定。穆勒在當時就告誡人
們生產能力和人口水平起趨於極限，不需要再
進一步發展了。儘管穆勒也承認人們之間在自
我實現的機會方面和生活愉快的程度方面存在
著嚴重的不平等現象，但他強調這種不平等現
象只能透過建立較合理的社會組織來補救，而
不能一味地寄望於量的增長，即藉助於增加總
量來解決，在他看來，量的增加並不能改善整
個人類的命運。萊易斯認為，穆勒觀點的「正
確性已得到了證明」，他高度贊賞穆勒所提出的

「由量的標準轉向質的標準是未來社會迫切需要
解決的事情」。[43]

萊易斯激烈抨擊，自穆勒創立穩態經濟理
論以來，西方占統治地位的傳統思想對這一理
論一直「故意持緘默的態度」，把這一理論「打
入冷宮」。在他看來，正因為人們未加重視穆勒
的理論，進而造成今天的工業社會，無論是社
會主義社會還是資本主義社會，都處於失控狀
態。他認為現代工業社會普遍具有以下特徵：
能源需求越來越高；生產和人口越來越集中；
職能越來越專業化；供人消費的商品花色品種
越來越多。在二次大戰以後所出現的工業社會
的這些新特徵，是需要相當數量的能源和礦物
資源來支撐的，但如果說在以前還能得到廉價
的足夠數量的能源和礦物資源的話，那麼現在
這些東西越來越稀少了，就是還尚剩一些，開
採的成本十分昂貴。萊易斯認為，在這種情況
下，環境不斷受到污染，生態危機加劇，勢在
必然。事實證明，現代工業社會已很難再維持
下去了。

萊易斯注意到，面對日益惡化的生態形勢，西方社會終於有人開始提及穆勒的理論。但他指出，「最近的討論只傾向於認為穆勒的擔心在這樣一點上才是有效的，即他的穩態經濟思想只是在解決緊迫困難時才需要認真對待，而不是把它當作質的改進的理想理論結構」[44]。萊易斯絕對不能同意西方社會有些人把穆勒的理論只是當作解決當務之急的權宜之計，而不是視為走向理想社會的有效途徑。他還指出，出於對穆勒理論的這一考慮，這些人提出創立穩態經濟的可能實現的方案是建立獨裁主義的世界政府。海爾布倫納在《對人類前景的探索》一書中曾強調只有建立獨裁主義世界政府和大大增強國家對國內經濟的干預才能實現全球性的穩態制度。萊易斯認為，這些人正是按照海爾布倫納的觀點來謀劃創立穩態經濟的方案的，根據這一方案，「在資源和財富的配置問題上存在著激烈競爭的條件下，實行穩定化也許會像海爾布倫納所指出的那樣將加劇衝突和試圖謀求獨裁主義的政治解決辦法」[45]。

　　那麼有沒有更理想的實現穩態經濟的方案
呢？萊易斯認為，這是存在的，生態學的馬克
思主義所提出的方案就是一種理想的方案。這
一方案深得穆勒理論的要領，因為它強調「穩
態將提供質的改進機會」。他還認為，這一方案
除了繼承穆勒的理論觀點外，還代表了思想上
一種非正統的「隱蔽傳統」，屬於這一傳統的思
想家有傅立葉、馬克思、拉斯金、莫里斯、克
魯泡特金、布克欽、弗洛姆、伊利奇、哥德
曼、麥克弗森嚴和馬庫色。

　　萊易斯認為，屬於這一傳統的生態社會主
義的解決方案是建立在這樣一種基本理念的基
礎之上的：人類滿足的前景必須植根於創造一
個運轉良好的共同活動和決策的領域，使各個
個人能在其中創造出滿足自己需要的手段。他
說，「這些思想家決不僅僅只關注高集約度的
市場布局本身。他們的實際理想共同關注的中
心，一直是這樣一種假設，即社會改造可以使
一切個人的勞動活動和自由時間的真正滿足具
有豐富的意義」[46]。他提出，對這種傳統來說，

組織社會必要勞動方式上的質的差異和這種勞
動與消遣、閒暇活動的關係，是各種生產活動
和消費活動中產生滿足問題的關鍵。透過非等
級制的比如以群體為基礎的聯合體的結構來組
織勞動，將成為完全不同於流行形式的具體的
社會實踐方式。組織非等級制的勞動這樣一種
決策結構，可使各個個人在自由和自主的條件
下來決定自己的需求。萊易斯強調指出：「對
這種傳統來說，最重要的是改變表達需求和滿
足需求的方式，而不是確定或預先確定一套可
替代需求本身。」[47]萊易斯在這裡講得十分清
楚，繼承包括穆勒在內的非正統的思想傳統的
生態學的馬克思主義的解決方案當然著眼於人
的需求的變革，圍繞著需求做文章，但不是預
先確定一套可替代目前的那種需求的新的需
求，而是改變表達需求和滿足需求的方式。他
認為，「新的需求結構是性質上不同的生活條
件的產物，因而不能預先加以規定」[48]。他不諱
言為了消除生態危機要建立新的需求結構，但
他認為這種新的需求結構只能產生於與當今不

同的生活條件，進而必須從改變目前的生活條
件、生活方式入手。生態學的馬克思主義的需
求理論是一種「否定性的需求理論」，其否定性
就在於它對現存生活條件的否定，「否定」是
這一傳統的「本質要素」。

　　萊易斯在這裡向人們推出了穆勒關於穩態
經濟的理論，並正確地揭示了無視穆勒的理論
所造成的後果，同時也正確地批評了目前西方
存在的把實現穩態經濟均建立獨裁主義的世界
政府聯繫在一起的設想。在此基礎上，他提出
了生態社會主義建立穩態經濟的解決方案：由
量的標準轉向質的標準，改變表達需求和滿足
需求的方式。他的這一方案完美地表述了生態
社會主義的基本理論，不但在生態社會主義者
之中而且在整個西方理論學術界，產生了深遠
的影響。確實，這一方案為當代人解決生態問
題，走出現代工業社會的困境提供了有益的啓
示。

（二）人的滿足最終在於生產活動而不在於消費活動

　　萊易斯在提出生態社會主義建立穩態經濟的方案時，對於人的滿足是什麼還作了進一步的論述。他批判了現代工業社會把滿足同等於無休止的物質消費的觀念。他指出，現代工業社會正在把人們引向這樣一種生活方式：人們居住在城市的多層高樓中，其能源供應、食品和其它必需品乃至廢物的處理都信賴於龐大而複雜的體系，在此同時，人們又誤認為不斷增長的消費似乎可以補償其它生活領域，特別是勞動領域遭受的挫折，因此，人們便瘋狂地追求消費以宣洩勞動中的不滿，進而導致把消費與滿足、與幸福同等起來，換句話說，只用消費的數量來作為衡量自己的幸福的尺度。萊易斯指出，把消費與滿足、幸福同等起來，正是現代工業社會處於異化之中的明證。現代工業社會為了達到統治人的目的，不惜使人的一切方面都依附於集中的官僚體系，異想天開地讓

人在勞動中遭受到的挫折、痛苦透過消費的途徑去消除，去麻痺。這樣一種滿足的方式，不僅是福利國家的合法性的基礎，而且也是生態危機的根源。

萊易斯強調，必須改變把消費與滿足同等起來的觀念。貫穿於傅立葉、馬克思、馬庫色著作的進步的社會變革觀念是這樣一種認識：人的滿足應到自己能從事的活動中去尋找，也就是說人的滿足最終取決於生產活動。他說：「滿足的可能性將主要是生產活動的組織功能，而不是像今天的社會那樣主要是消費活動的功能。」[49]如果人們了解了這樣一個事實：不斷增長的消費是不可能補償其它生活領域中遭受的挫折的，那麼，他們就會認爲進步的社會變革的前景取決於在消費領域之外的其它領域，即在消費領域之外，照常能夠達到滿足和幸福。

進而萊易斯指出，人的基本需求是多方面的，滿足這些需求的手段更是極其豐富，根本用不到非要由過分專門化的商品和服務來提供。「就個人活動而言，替代方案的滿足前景

將與克服提供商品和勞務的勞動的極度專業化和克服由此而產生的商品交換領域的局限性有關。」[50]他藉用伊萬・伊利奇的話說，人有著一種「愛交際的特性」，人們希望建立的社會結構是「基於人與人之間的自主和創造性的交往和基於人與自己環境的交往」的社會。交往社會的目標是逐步拆散工業化經濟的龐大的制度結構和盡可能地減少每個人對這種結構的依賴。人們與生俱有康復、種植、縫紉、運動、學習、築屋、安葬的能力，每一種這樣的能力都可以滿足一種需要。只要滿足的手段取決於人們本身能作的事情，很少依賴於商品，那麼這種手段就會變得十分豐富。這些活動具有使用價值，而不具有交換價值。交往社會將促使每個人盡可能地直接參與生產活動。萊易斯說：「現行的生產和消費活動的體制妨礙人們這樣一種才能和能力的發展，即直接參與可提供滿足範圍廣泛的需求（建造房屋、種植糧食、縫製衣服）手段的活動的能力，相反卻使人的活動完全圍繞市場購買來進行。」[51]

在萊易斯看來，既然現行的生產和消費活動的體制妨礙人們才能的發展，而人的真正滿足和幸福又完全取決於這種才能的發展，那我們就要反其道而行之，即應千方百計地設法促使人們才能的發展。其主要途徑是創造各種條件讓人們本身從事各種活動。當然這種勞動不是聽人擺布的活動，聽人擺布的活動不能認為是真正的勞動，真正的勞動應是自主地、創造性地實現自己的勞動。這就是說，這種勞動與目前經常看到的只是在裝配線上或辦公室中從事高度破碎化分工了的工序或工作完全相異。高度破碎化分工了的工序或工作「只能造就片面的、畸形發展的人，是意志思想被扭曲了的人」。

萊易斯還強調，社會把注意力集中於生產領域，讓人們在從事自主的、創造性的勞動的過程中獲取幸福和滿足，並不意味著強迫所有的人都採用一種特殊的、單一的生活方式，而是讓人們有比現在更富於吸引力的其它種種選擇。現在著眼於消費的投資決策只能導致單一

的選擇，即以集中的城市人口爲基礎的高集約
度的市場布局，而且把著眼點轉移到如何使人
們在生產活動中獲得滿足，人們就能獲得理想
的生活環境，這對每個個人來說都是極富吸引
力的。如果現代社會的投資方向不是強求人們
過一種單一模式的生活，那麼各個個人就可以
有範圍廣泛的選擇自由。「在這種情況下，每
個人就可能願意在不同程度上靠日常需要生產
活動來獲得滿足，而不是從一般化的市場中的
消費來獲得滿足。」[52]

　　萊易斯認爲，把注意力集中於生產領域而
不是消費領域，這絕不僅僅是人們注意力的轉
移，而是創造出一種能促進人們在其中直接參
與和滿足自己需要有關活動的環境。創造這一
環境的過程也就是解決生態危機的過程。讓人
類在生產領域中得以滿足是解決生態危機的最
有效的途徑。人類的美好的責任感是受未馴服
的本性的經驗指導的。今天日益惡化的生態環
境正促使人們把關注的中心轉向生態生存。人
的需要對生態環境的壓力問題，現在已到了這

樣一個程度，即我們必須把人的需求問題看作
是生態相互作用的、更大系統的、一個不可分
割的組成部分。因此，必須把減低人的需求、
改變高消費的生活方式與使一切個人的勞動活
動和自由時間的活動都具有豐富的意義聯繫在
一起，盡可能讓人們靠自己的雙手來滿足自己
需求。說人類的滿足最終在生產領域包括兩層
涵義：其一，透過參加直接性的生產活動得以
自我實現，使人們真正能創造性地生活，而且
這種生活又是豐富多彩，人們在這種生產活動
本身中會獲得享受；其二，由於這種生產不是
為了支撐惡性消費而進行的生產，由於割斷了
生產與消費的直接聯繫，由於這是在縮減了資
本主義的生產能力基礎上的生產，所以這種生
產的結果不是與自然日益對立而是與自然建立
起和諧的關係，人類在這種嶄新的關係下會感
到無限的滿足和幸福。

　　萊易斯在這裡所提出的人類最終的滿足在
於生產活動而不在於消費活動，是一個極有針
對性的深刻見解。他所作出的具體論證也是言

之成理，特別是他關於人類何以在生產領域能
獲得真正的滿足的兩點說明，具有一定的說服
力。

（三） 決不會讓人們回到過去那種以窮鄉
　　　僻壤為特徵的艱苦生活環境中去

　　萊易斯要求人們改變自己的需求觀念，從
量的標準轉向質的標準，努力從生產領域尋找
自己的滿足，這樣一來，會不會造成文明的倒
退，會不會使人們重新回到過去那種以窮鄉僻
壤為特徵的艱苦生活環境中去，會不會強制所
有人都過一種單調的、苦行僧式的生活方式？
萊易斯針對這些疑問，作了許多的說明。

　　在萊易斯看來，現代文明是與商品和市場
交換聯繫在一起的，現代人的富裕也是建立在
商品和市場交換的基礎之上，欲知按照他的方
案重新組織生活方式是不是會帶來貧困，首先
取決於對商品和市場交換的態度。他說：「商
品和市場交換本身並不存在固有的邪惡，因此
沒有理由認為完金消滅它們才合乎需要。」[53]在

他的解決方案中並沒有消滅商品和市場交換這
一條。他所要消滅的是「把商品交換當作滿足
需要的唯一的方式」，他所反對的是「企圖把市
場交換領域的有關性能，說成是一切社會綜合
經濟機制的普遍有效格局」。他說：「我們認為
商品生產重要性的程度是隨著具體歷史環境和
社會組織及個人願望的變化而變化的。甚至在
一個特定的社會內部也不需要有任何統一的模
式，如果這種社會分散到足以使其成員可以得
到範圍廣泛的種種不同的選擇權的話。支配這
些選擇的準則是如此地簡單明了：對透過市場
交換來得到複雜的製成品的依賴程度與對滿足
需要手段局部的直接支配程度成反比。」[54]在萊
易斯看來，在他所設計的生活方案中，由於對
滿足需要手段的直接支配程度不斷增加，進而
對市場交換來獲得複雜的製成品的依賴程度將
大大減弱，但減弱不等於完全消失。無疑，人
類未來社會中商品以及市場交換的重要性大不
如以前，但不能因此而走向極端，完全無視它
們的客觀存在。

　　科學技術的高度發展是現代文明的象徵，
現代文明的物質財富主要是由科學技術所創造
的。萊易斯爲了說明按照他提出的方案組織人
類生活不會把人類引向貧困，還闡述了科學技
術在他的方案中的地位。他強調，他並不是不
要科學技術，並不是不要享用現代科學技術的
成果，而只是要改變目前那種科學技術的使用
方式，使對科學技術的使用走向分散化。他尖
銳地指出：「在國家與國家之間和在各國內部
使物質目標和生活環境方面的模式荒謬地趨於
一致，全工業化經濟一般化的市場交換的主要
趨勢之一。」[55]萊易斯在這裡所說的就是「全球
化」，他明確地對此持否定態度，用「荒謬地」
一詞加以描述。問題在於，這種「荒謬的」、
「全球化」是如何造成的？他說：「這並不是技
術進步本身的產物，而是支持龐大集中的技術
去支配中間的或小規模技術的社會政策造成
的。由這種社會政策導致的公共和私人投資的
模式，使生產結構集中並使大都市以外的與生
產組織中心沒有直接聯繫的那些社會經濟的存

在的基礎受到了損害。」[56]在他看來，「全球化」並不是技術本身的產物，而是技術集中化、壟斷化帶來的，所以他反對「全球化」，並不是要反對技術本身，而是要反對這種技術的集中化、壟斷化。

　　緊接著他便說道：「替代的社會政策的目標並不是要讓基本的人群回到過去那種以窮鄉僻壤為特徵的艱苦生活環境中去，而是要把現代技術的優勢在更大範圍的各種不同環境中進行分散，不用說，這種分散要有意識地放棄集中生產所追求的值得懷疑的『效益』。」[57]技術使用的分散化，也就是資本投資的分散化。目前農村的生活水準遠低於城市，改變農村貧乏狀態的有效途徑不是將農村城市化，讓城市吞沒掉農村，而是把技術以及資本分散到農村，讓農村自身形成理想的生活環境。現行社會政策的生活方式的主要特徵是集中化。這種生活環境的每一個方面都是能源密集型的：住宅的暖氣和空調、機械化的農業、交通、商品的製造以及廢物的回收利用都離不開能源。為了支

撐這種能源需要，就必須投入大量資金用於繼續提供礦物燃料和用於興建核發電站。這些投資可以用於重新發展替代的理想的有效技術，例如，用於建設依靠太陽能和風能的小型住宅，用於從廢物中回收養料以提供日常生活必需的高蛋白。這樣就可以克服從前由於資本、技術集中化，給小而散的村社造成的不利條件。如果真正做到了這一點，那麼無疑，「在替代的政策條件下，工業化的積極方面和尖端技術就可以向當代社會提供以前社會所不可能有的舒適環境，即提供一種豐富多彩的生活環境。」[58]

　　萊易斯還指出，鑑於反對他所提出的方案以及這一方案所繼承的傳統的人往往責備這一方案的理念和價值觀是「原始的」、「反動的」，進而有必要從一開始就明確表示他所提出的方案「並不尋求把任何早期的社會發展狀態尊崇為我們應返回的黃金時代」[59]。他否定自己的理念和價值觀是「原始的」和「反動的」。他強調，這一方案儘管「不認為任何其它的早期

社會模式已較好地在人與人之間、在人與自然
環境之間實現了『自主的和創造性的交往』」，
但確實看到了一些早期的社會模式有可取之
處，因此，它主張把這些可取之處吸收到現代
社會中來。「它只是認爲現存的生產和消費活
動（包括我們對能源密集、大規模的工業技術
的信賴）的方式會阻礙人的自主性、創造性和
責任性的發展」，它所反對的正是這些生產和消
費活動，儘管這些生產和消費活動在以往的社
會中也有所表現，但無疑地，「某些現代產業
主義的成就業已爲這些特徵的表達和實現開闢
了新的前景」。他這樣說道：「我們沒有必要認
爲現存的社會代表了壓制個人自我實現的單調
的舞台，也沒有必要認爲任何替代的方案會對
人類的一切不幸作出直接和完全的補救。我本
人的看法很簡單，這就是：使我們對現行模式
抱有幻想的時代即將一去不復返了；而恢復替
代傳統的挑戰則可以擴大我們考慮未來選擇的
範圍。」[60]

　　萊易斯針對那些對已改變人的消費觀念、

用質的標準替代量的標準、著眼於生產活動而
不是消費活動為主要內容的生態學的馬克思主
義的社會改革方案所提出的種種指責，所作出
的這些說明是完全必要的，也十分及時。萊易
斯對生態社會主義的社會改革方案並不是要倒
退回人的原始狀態去，放棄現代文明的一切成
果，而只是力圖改變其某些生產活動和消費活
動方式的辯解，以具有一定的說服力。

（四）建立一個「較易於生存的社會」

　　萊易斯提出了建立一個「較易於生存的社
會」（the conserver society）的目標。他指出，
在經歷了現代工業社會這種發展模式以後，我
們就可以對社會改革的重大方向的轉變提出比
穆勒所提出更適切的指導方針。這就是建立一
個「較易於生存的社會」，他對這種社會具體解
釋說：「『較易於生存的社會』，是把工業發達
的各個國家的社會政策綜合在一起的社會，其
目標就是減低商品作為滿足人的需要的因素，
與此同時把人均使用的能源及其它物質的數量

降到最低限度。將來技術的發明基本上都要用
以這一目標的實現，用於與環境中累積的殘存
工業廢物作鬥爭。未來至關重要的是：只有當
一系列相關政策的推出，比如逐漸克服甚至在
最富裕的工業化國家也存在特有的、貧困的政
策，成為上述目標的組成部分，向『較易於生
存的社會』的渡過才代表一種社會的進步。倘
若情況並非如此，『較易於生存的社會』對社
會地位低下的人來說，顯然只是貧困的另一種
形式。」[61]按照他的這一段落論述所作出的解
釋，所謂「較易於生存的社會」就是把人均使
用的能源降到最低限度，儘量不把商品作為滿
足人的需要的主要因素，一切技術的使用，一
切政策的制定，都要服從於這一目標。這一社
會代表的是進步而不是貧困。

　　他還把「較易於生存的社會」概括成這樣
兩個基本點：其一，它本身並不是目的，而是
要重新改變社會政策，使其拋棄幸福的量的標
準而採用質的標準，進而應當把它看作是社會
改革的一個有力的動態階段；其二，對於「較

易於生存的社會」來說，在任何特定的時候，
是否都把穩定的增長，或國民生產總值下降的
經濟形勢作為其特徵，這一點並不重要。其原
因在於經濟形勢（增長或下降）必然會隨著特
定的環境和需求的變化而變化。最應該要做的
是重新配置資源和改變社會政策的方向，使滿
足需求的問題不再被完全看作是消費活動的功
能。比如，在各個個人和社會機構中就存在一
種越來越多地關注職業滿足和生產活動中共同
決策的傾向。人們將越來越多透過從事理想的
職業，以及在生產活動中參與決策來獲得滿
足。

　　萊易斯藉用穆勒的論述對於「較易於生存
的社會」特別強調了以下兩點：第一，嚴格實
施社會正義的公正標準。當然這不是「絕對的
社會平等」，而是使「勞動者報酬優厚、生活豐
裕」，對財富的累積進行限制，並使那些從事腦
力勞動的人的收入有所節制；第二，人口要穩
定化。對第一點，萊易斯表示完全贊同，而對
這第二點他作了補充性的說明。在萊易斯看

來，即使實現了穆勒所說的人口穩定化，即實
現了「地球上所有地方的人口達到合乎需要的
程度」，也不能帶來人們的滿足。關鍵在於，在
這樣一個世界上，沒有給自然界的天然活動留
下什麼餘地：種植糧食的每片土地都已經耕
種，每一長滿野花的荒地或自然牧場都已經開
墾，一切野生的適於人的需要的動物或鳥類由
於爭相覓食而瀕臨絕種，所有灌木或過剩的樹
木已被砍伐。在這種情況下，單純提及人口的
穩定還是不夠的，更應強調人與自然的和諧統
一。他說：「今天，有種種不同的理由來重申
穆勒關於以『較易於生存的社會』為背景確立
人與自然關係的呼籲。工業生產和人口的與日
俱增，迫使人們把注意力從審美轉向生態生
存。人的需求對自然環境的影響問題，現在已
進入這樣一個至關重要的地步：我們務必把人
的需求問題視為生態相互作用的更大系統的一
個不可或缺的組成部分。」[62]

萊易斯強調，建立一個「較易於生存的社
會」的必要性來自於下述這一不爭的事實：物

質生產越來越無限地發展，支撐這種發展的基礎設施越來越不堪忍受：複雜大規模的技術、較高的能源需求、生產和人口的集中化、商品和花色品種日益繁多。這一事實的消極方面會遭致巨大的危險，而這些危險的潛在影響是如此巨大以致它的本質一旦顯現出來就不可能有效地加以對付了。他認為，對付這種局面無非有兩種辦法：

第一種辦法是面對不斷出現的制約因素，盡可能長久地維持高消費的生活方式的社會生活理念。因為依據商品的累積加以衡量的那種生活水平不再有可能再提高而只會每況愈下所以現存的不平等將繼續存在且可能更為嚴重。由於這種生活理念的實施原則是把人們的一切願望和追求都引向消費領域，所以隨著允諾滿足範圍的縮小，人們的焦慮和失落感將會加劇。由於物質期望的總水平現在比過去任何一個時期都要高，因而社會衝突勢必會迅速增加。萊易斯指出：「要在這種條件下維持上述理念，就必然需要採取更富壓制性的和極權主

義的政治統治方式，而操縱這種統治的必然是
少數據有特權的代理人。」[63]

　　第二種辦法是開放，儘管採取這一辦法需
要更大的勇氣和遠見，但實行這種辦法所需要
的才幹和手段部已具備。這一辦法的實質是創
立這樣一種社會環境：在這種環境中人們將受
到鼓勵去更直接地參與各項與滿足需要有關的
活動，進而與日前流行的那種透過意義日益含
糊的商品世界來支配一切的趨勢反其道而行
之。萊易斯強調：「如果這種替代的辦法想要
有獲得成功的機會，那麼在現存制度所產生的
不斷累積的混亂和挫折尚未引起公民的失望之
前，就應該在這一方向上起步。」[64]這就是迅速
建立一個「較易於生存的社會」。

　　萊易斯建立「較易於生存的社會」的設
想，表現了生態社會主義的社會理想。儘管這
一社會理想十分模糊，甚至還帶有明顯的烏托
邦主義色彩，但由於這一設想充分表現出了對
現行的資本主義制度的否定意識，並與馬克思
的勞動解放和人的全面發展等理論聯繫在一

起，進而具有一定的啓發作用。

註釋

1.萊易斯（1974）：《自然的控制》，燈塔出版社，
〈序言〉。參見中譯本（1993）：《自然的控制》，
重慶出版社，第2頁。

2.同上，第2-3頁。

3.同上，第3頁。

4.萊易斯（1944）：《自然的控制》，McGill. Gueen
大學出版社，第117頁。

5.同上，第117頁。

6.同上，第118頁。

7.同上，第101頁。

8.萊易斯（1974）：《自然的控制》，燈塔出版社，
〈序言〉。參見中譯本（1993）：《自然的控制》，
重慶出版社，第4頁。

9.同上，第4頁。

10.同上，第5頁。

11.同上，第6頁。

12.同上，第7頁。

13.同上，第6頁。

14. 同上,第8頁。

15. 萊易斯（1994）：《自然的控制》,McGill.
Gueen大學出版社,第151頁。

16. 同上,第152頁。

17. 同上,第153頁。

18. 同上,第158頁。

19. 同上,第147頁。

20. 同上,第158頁。

21. 同上,第161頁。

22. 同上,第162頁。

23. 同上,第163頁。

24. 同上,第164頁。

25. 同上,第170-171頁。

26. 同上,第172頁。

27. 同上,第172-173頁。

28. 同上,第173-174頁。

29. 同上,第193頁。

30. 同上,第197頁。

31. 同上,第198頁。

32. 同上,第83頁。

33. 馬克思：《資本論》第一卷，第177頁。

34. 馬克思：《政治經濟學批判大綱》，第593頁。

35. 萊易斯（1994）：《自然的控制》，McGill. Gueen大學出版社，第84頁。

36. 馬克思：《資本論》第三卷，第861頁。

37. 馬克思：《資本論》第三卷，第800頁；

　　恩格斯：《反社林論》，第392頁。

38. 萊易斯（1994）：《自然的控制》，McGill. Gueen大學出版社，第85-86頁。

39. 同上，第86頁。

40. 同上，第85-86頁。

41. 同上，第173頁。

42. 萊易斯（1994）：《滿足的極限》，多倫多，第104頁。

43. 同上。

44. 同上。

45. 同上，第105頁。

46. 同上。

47. 同上。

48. 同上。

49. 同上，第106頁。

50. 同上。

51. 同上，第108頁。

52. 同上，第106頁。

53. 同上。

54. 同上，第107頁。

55. 同上。

56. 同上。

57. 同上，第108頁。

58. 同上，第109頁。

59. 同上。

60. 同上，第111頁。

61. 同上，第113頁。

62. 同上，第110頁。

63. 同上，第111頁。

第四章
佩珀

　　大衛・佩珀（David Pepper）是英國生態社會主義的主要代表人物，英國牛津布魯克大學地理學首席講師。

　　20世紀90年代以後，生態社會主義進入了一個新的快速發展時期。無論在理論建樹方面，還是在實際影響方面都超過了以往任何一個時期。

　　這一時期除了原有的一些生態社會主義者，如高茲、萊易斯繼續非常活躍外，還湧現了新一代的生態社會主義的主要代表人物，主要有法國的拉比卡，英國的瑞尼爾・格崙德曼、大衛・佩珀等，而其中尤以佩珀最為引人

注目。

　　這些新湧現的生態社會主義者大致有兩種
情況：其一是從生態主義走向生態社會主義。
他們原先是生態主義者，即從屬於生態運動中
的右翼。蘇東劇變後，他們並沒有隨著，出現
了世界性的埋葬馬克思主義、社會主義浪潮而
更向右轉，相反他們迎向行駛，卻向馬克思主
義、社會主義靠近。儘管他們對蘇聯模式的社
會主義沒有好感，但他們對現實的資本主義也
日益不滿，在資本主義的範圍內看不到解決生
態危機的希望，於是出現了對蘇聯模式的社會
主義和現實的資本主義的雙重不滿，這樣他們
就企圖尋找在這兩者之外的第三條道路。而在
他們看來，生態社會主義就是這樣一種第三條
道路，這樣他們就很自然地開始研究並宏揚生
態學的馬克思主義。其二是從正統的馬克思主
義走向生態社會主義、生態學的馬克思主義。
蘇東劇變對原先的一些正統的馬克思主義者來
說是個沉重的打擊，儘管他們本來對生態社會
主義、生態學的馬克思主義不屑一顧，只是把

它視為一種趕時髦的東西,但現在他們也開始認真地對待它了,並終於認識到在政治風向向右轉,左翼受挫的情況下,與綠色運動結盟,首先讓馬克思主義在生態運動中體現出其意義與力量,不失為一個好的選擇。於是他們紛紛進入了生態運動的領域,在接受綠色運動意識形態的同時,又把生態社會主義、生態學的馬克思主義的一些基本理論寫進自己新行動綱領。拉比卡屬於後者,而格崙德曼和佩珀則顯然屬於前者。

佩珀是個研究地理學的專家,由於職業的需要他一直關注著人類的生態環境的變化。不久他就成為綠色運動的一個著名的理論家,而隨著綠色運動內部的不斷分化和演變,他又成了一位生態學的馬克思主義的主要代表人物。促使佩珀的思想發生如此重大轉折的原因,據他自己說,是1992年的「世界高峰會」公然宣布西方資本主義為了維護自己的強大利益不打算在環境保護方面作出根本性的改變,他被激怒了,對資本主義徹底地喪失了信心。像佩珀

這樣的學者成爲一個生態學的馬克思主義者，
充分地反映出當代資本主義的日趨孤立，以及
生態學的馬克思主義的強大吸引力。

　　佩珀研究生態學最出名的是這兩部著作：
《當代環境主義的根源》和《生態社會主義──
從深層生態學到社會正義》。前者是他成爲一個
生態社會主義者前所寫的一部著作，只有後者
才是他作爲一個生態社會主義者的代表作。這
樣我們在這裡著重探討他後一部著作中的相關
論點。

《生態社會主義──從深層生態學到社會正義》（1993年）

　　本書是20世紀90年代以後的生態社會主義
的一部代表作。佩珀透過對馬克思、莫里斯、
克魯泡特金、無政府工團主義等的描述，對綠
色政治和環境運動作出了人類中心主義的分
析。爲了提出一種激進的生態社會主義，佩珀

拒斥生態中心主義，批評了對經濟增長和人口增長加以簡單化的限制，與此同時，他又揭示了後現代政治和深層生態學在綠色觀點方面的局限和內在矛盾。他力圖把馬克思主義、無政府主義和深層生態學的觀點綜合成一種激進的綠色政治。本書的觀點不但與傳統的生態主義截然有別，而且與20世紀90年代以前的生態學的馬克思主義的觀點也有很大的差異。全書共設五章，分別是：〈紅與綠：老的還是新的政治〉、〈政治經濟學和政治意識形態：環境保護主義者、馬克思主義者和無政府主義者的位置在哪裡〉、〈關於自然和環境保護主義的馬克思主義觀〉、〈無政府主義和綠色社會〉、〈結語：社會主義和生態環境〉。

(一) 環境保護主義的分類

　　佩珀提出，每一種理論都聲稱代表的是普遍性的利益，而實際上只是反映了某一特定階級的利益。而相應地，每一個階級和階層也總有相應的理論表現。當今社會中人們大致可以

劃分為三類：第一類是生產資料和生產手段的
所有者；第二類是勞動者；第三類是「中產階
級」，包括管理人員、計畫人員、專業技術人員
等。第一類人相信的是主體優先理論
（subjective preference theory），而此類理論維護
的也是這些人的特權；第二類人信奉的是抽象
勞動理論（abstract labour theory）；第三類人
則顯然偏愛生產代價理論（costs of production
theory）。[1]

　　佩珀進而指出，環境保護主義者屬第三類
人，亦即他們是「中間階級」。而環境保護主義
理論也主要是從屬於他們的理論。「環境保護
主義者與這一階級（指『中間階級』——引者
注）有著密切關係，他們既懷疑資本又懷疑勞
動，進而他們經常傾向於福利自由綱領（社會
民主），再夾雜於民主社會主義，而所有這一些
又與環境保護主義的政治意識形態有著相同的
社會診斷方案。」[2]

　　在基本確定環境保護主義的階級屬性以
後，他又強調，事實上，儘管各種環境保護主

義的階級屬性基本上是相同的，但其表現形式
甚至實質內容又相距甚遠。爲了使人們清楚地
了解他所信奉的生態學的馬克思主義所在的位
置，他對各種環境保護主義流派逐一作了分
析。

在他看來，目前生態、環境保護主義主要
有七大派別：

其一，傳統保守主義（traditional
conservatism）。它主張限制增長，並認爲開明
的私有制是保護自然與環境免受過度開發的最
理想的途徑。它還強調必須保護作爲我們遺產
的一部分的傳統風景和建築物。它具有反工業
主義的特徵，認爲人類社會應當把自己規範在
自然生態系統之上，比如應當穩定，應當緩慢
地、有機地變化；人類社會需要多樣性，而不
是等級制結構，使人們透過共同堅持的信仰集
合在一起；所有的人都對自己在社會中所居於
的地位感到滿意；家庭是最重要的社會細胞，
等等。它有濃厚的生態浪漫主義的色彩，緬懷
過去，羨慕原始部落的生活。佩珀提醒人們注

意一些生態學的馬克思主義者所指出的「傳統
保守主義可能通向法西斯主義」。「右翼非理性
主義」、「極端浪漫主義」等就是傳統保守主義
走向法西斯主義的產物。他引用博克金的話
說：「希特勒曾經用過生物學上的類推，最明
顯的透過種族、土地、祖國、民族和血緣的類
推，來支撐他邪惡的法西斯主義理論。希特勒
幾乎是在生態學的意義上來談及祖國的。」[3]他
還引用布拉姆韋爾的話，要人們不要忘記目前
歐洲一些國家的新法西斯主義組織，都在其綱
領中寫進「提倡素食主義」、「回歸大地」、
「主張用生物動力耕作」等[4]。

其二，市場自由主義（market liberalism）。
它崇尚自由市場經濟，認為市場機制加上有益
的科學和技術能夠解決資源短缺和環境污染問
題，假如培育出一個代用品市場，那麼即使資
源耗盡人們也會使用代用品。它強調不要去相
信什麼「人口過剩」，人是一種資源。它認為資
本主義不但能夠適應環境而且可以保護環境。
它強調消費者對環境，對合適的產品的追求將

會起著很大的作用，而資本主義會對由於這種作用而形成的市場作出反應。佩珀藉用屬於這一派的代表人物伊爾金頓和伯克在《綠色資本主義》一書中的話說，「在資本主義的利益和環境品質之間並不存在實際的鴻溝」[5]。

其三，福利自由主義（welfare liberalism）。它推行有限制的、不斷進行改革的市場經濟、私有制。它主張用法律、稅制和計畫的手段來保護環境。它認為不斷啓迪自身利益，開發公共財物，可以解決生態問題，認為在一種多元的、議會民主制度下的集團競選運動將會導向產生合適的立法程序，而這種合適的立法程序能夠解決，如何紓解消費者對環境消費的壓力問題。它在經濟上奉行凱因斯主義的干預主義，在政治上主張實行多元民主、社會民主。它在強調個人責任的同時，更注重國家政府在保護環境方向的作為。例如國家可以透過議會立法來確定城市環境質量標準，實物環境教育，提高人們的環保意識，還可以借用稅收的手段對一些「非再循環」工業、高污染

工業徵收高賦稅，透過各種優惠政策鼓勵企業
研究並生產出各種「代用品」。佩珀指出，福利
社會主義屬於「技術樂觀主義者」，對發展科學
技術定能解決生態環境問題深信不疑[6]。

　　其四，民主社會主義（democratic
socialism）。它信奉分散化的社會主義、地方民
主和城鎮公會社會主義。它提倡對資本主義實
施嚴格控制的混合經濟和議會民主，強調勞動
和工會的功能，認為國家，特別是地方政府應
起大的作用。它主張資源的私人所有和共同所
有的混合。它力主改善城市環境，根據社會需
求來組織生產，大企業和國家都要資助環境保
護。它反對將利潤作為生產的唯一目標。它並
不反對工業化，而只是反對工業化的資本主義
形式。它認為環境不應僅指狹義的自然環境，
還應包括廣義的、社會的、歷史的環境。佩珀
說道，民主社會主義「信奉依靠多元的民主和
議會的力量來推動社會的變革，認為在資本主
義被消滅之前應有一個由國家控制的『管理資
本主義』時期，由它來實現預期的社會和生態

的目標」，在民主社會主義看來，「儘管用馬克思主義術語所表述的那種階級分析已經不適用了，但集體的政治行動仍應被視爲是重要的」[7]。

其五，革命社會主義（revolutionary socialism）。它認爲環境問題是資本主義特有的現象，進而要保護生態環境必須推翻資本主義。它主張實施革命的變革，以消除生態危機。它認爲國家最終是要消亡的，但在向公有社會（共產主義）轉變過程中也許還需要國家發揮作用。它認爲在向一個綠色的、公正的世界轉變的過程中，階級衝突是不可避免的，必須捨棄議會道路。它把貧困、社會不公和骯髒的城市環境都視爲環境危機的組成部分。它對未來的展望與無政府主義相似，但更強調集體的政治行動和原始意義上的國家。它從廣義上來解釋「環境」的概念，認爲解決環境問題不是一個純粹的自然過程，更主要是一個社會過程，必須把解決環境問題與改變社會制度聯繫在一起。佩珀指出，信奉革命社會主義的都是

馬克思主義者，儘管其中有正統馬克思主義者
和新馬克思主義者之分，但在主張用革命的手
段來解決生態問題這一點上立場是一致的。他
說：「馬克思主義者傾向於用階級的術語來看
待環境問題的出現，而把生態中心主義視為一
種資產階級和反革命的思想」，「許多馬克思主
義都相信保護環境的鬥爭、女權主義的鬥爭、
爭取世界和平的鬥爭以及第三世界的鬥爭都
是，而且應當是反對全球資本主義系列鬥爭的
有機組成部分」[8]。

其六，主流綠黨（mainstream greens）。儘
管它實際上是把福利自由主義和民主社會主義
的觀點混合在一起，但它卻堅持認為自己既捨
棄了左派政治又與右派政治無緣。它強調個體
以及按照個人的需求來修正價值觀念、生活方
式和消費習慣的重要性。它崇尚生物倫理學、
增長的極限和烏托邦主義。它提倡自覺自願
的、簡單化的生活方式。它也認為需要改變社
會——經濟結構，如「消滅工業社會」，鼓勵小
型資本主義。它強調生產的主要目的是為了滿

足社會與環境的需要，而利潤則是第二位的。
它要求組織合作社和公社，認爲國家特別應在
地方上發揮作用。它推崇深度生態學的那種強
調精神的重要性的、浪漫的自然觀。在新的時
代，它那種非理性主義、神秘主義的特徵，敵
視「政治」以及工業主義的特徵，賦予它保守
性。它是務實的、折衷的。它把自然法視爲社
會法則的根據與基礎。佩珀歸納說，「民主和
個人自由是主流綠黨意識形態的核心」，並且又
把這種民主的理念「推及一切存在物」，進而提
出動物的權利和素食主義[9]。他還引用英國綠黨
1992年宣言中的話來說明主流綠黨的基本立
場：「當今的政治不是在左中右之間選擇，而
是在灰色政治家和綠黨之間選擇。」[10]

　　其七，綠色無政府主義（green
anarchists）。它對階級政治、國家、議會民主和
資本主義一概反對。它主張人們自己組織起
來，認爲人們有責任同時也有權力支配自己的
命運。它認爲「個體」非常重要，但「個體」
必須在與群體的聯繫中才能充分實現自身。它

力主分散化的經濟和政治，主張生產手段共同
所有和按需要分配。它崇尚有機地和自發地社
會演變和非等級制的直接民主。它要求無論在
郊區還是在都市，都建立公社或合作社，實行
生物區域主義。它反對，對個人施加任何的強
制，也反對各種組織化的社會團體對個人的約
束。它要求以集體的名義占有自然資源，與此
同時實行經濟的零增長甚至負增長。佩珀指
出，綠色無政府主義就其把個人看得至高無
上，視爲社會的基本單位而言，確實「與自由
主義的基石緊密相連」，但就其激烈反對資本主
義，主張公有制和按需分配而言，又「與革命
社會主義走到一起去了」[11]。

　　佩珀在列舉環境保護主義、生態中心主義
的七大派別的基礎上，進一步區分了其屬於激
進的還是改良的。所謂「改良的」還是「激進
的」是按照對現行的社會制度，特別是資本主
義制度的態度來劃分的。「改良的」就是接受
現行的資本主義制度，主張在現行制度的範圍
內進行某種「修正」，來解決生態和環境問題；

「激進的」則是要求透過從根本上改變現行的資本主義制度來解決生態和環境問題，即透過回歸社會的起源尋找一條生態中心主義之路。他認為，市場自由主義、福利自由主義、民主社會主義都是屬於環境保護主義中的「改良派」，而傳統的保守主義、革命社會主義、主綠色無政府主義屬於環境保護主義中的「激進派」，主流綠黨則有些特殊，其目標是激進的，而其手段則是改良的。

　　佩珀把高茲歸屬於革命社會主義這一陣營[12]，對他本人的所屬雖然沒有明確地說明，但實際上他是把自己視為高茲的同仁。他要求不僅要把革命社會主義、生態學的馬克思主義與形形色色的環境保護主義中的改良派區分開來，而且也要與同屬於環境保護主義中的激進派的其它思潮劃清界限，傳統的保守主義是右翼激進派，綠色無政府主義是非左非右激進派，而革命社會主義是左翼激進派。他推崇的正是左翼激進派。

　　佩珀對環境保護主義的分類大致反映了目

前的實際情況。

（二）綠色政治與後現代政治

　　佩珀探討了環境保護主義、綠色政治與後現代主義、後現代政治的相互關係。他認為，要了解這一點，首先須明白當今廣為使用的「現代性」、「現代主義」、「後現代性」、「後現代主義」這些概念的真實涵義。

　　他指出，「『現代主義』是這樣一個術語，它描述了由像笛卡耳、洛克、康德這些哲學家產生的，統治了西方思想界三百多年的一種思想傾向，它信奉理性、科學和進步」。[13]他還引用了哈維的一段話來說明現代性的涵義：「哈伯瑪斯認為現代性的方案形成於18世紀。這一方案是啓蒙思想家這樣一些智力勞動的總和：按照其內在的邏輯發展客觀科學、普遍性的道德和法律、獨立的藝術，建立關於平等、自由、信奉人的智力（包括教育）、普遍理性的學說。」[14]

　　在他看來，現代主義實際上提出了這樣一

種社會發展的理性模式：依靠建立在開採自然資源基礎上的技術來為廣闊的市場生產物品，來增加人的財富和福利。「福特主義」的生產模式就是這種發展模式的極端，如大規模的高度集中化的生產線、很細的勞動分工、標準化的產品和嚴格的科學管理等。問題在於，實施現代主義的過程也是一個不斷的破壞的過程。然而當多數人把現代主義視為是一種進步之時，也有少數人持反對意見，他們強調的是其破壞性，對現代主義的進步概念提出質疑，他們為現代主義排斥其它的文化和價值體系深感惋惜。

　　他指出，實際上在過去的二十多年時間裡，這種對現代主義的否定意見已漸成氣候，與之相伴隨的是各種新社會運動（如綠色運動）、涉及各種非理性觀點和其它的文化與世界觀的新盧梭主義。一些「後工業主義」的思想提出了一種「富有彈性」的資本主義累積方式，這種方式要求在全球範圍內實施非集中化的、小規模的生產，它顯然是對「福特主義」

原則的否定。曾經生產出大量現代化產品，又
被新古典主義經濟學家理論化了的「有機資本
主義」，被設想要透過一種富有意義的變革，透
過建立一種實施自我持久化消費的新的非同異
常的秩序，加以置換。那種旨在創立解釋世界
的、包羅萬象的理論、普遍的、倫理學的學術
研究，已變得不合時尚。經過尼采、胡塞爾、
海德格和其他人的努力，原先一些作為現代主
義基石的思想，如對主體—客體的區分、對二
元思維的偏愛、對客觀世界和理性功能的崇尚
等，都已被大大動搖。在西方社會的哲學、經
濟學、藝術學、建築學、社會學中存在的所有
這些傾向，被哈維描述為作為晚期資本主義徵
兆的「後現代狀況」。

　　佩珀還是用哈維的話對後現代主義一詞下
定義：後現代主義在建築中重新發現了民間風
格，強調歷史的非連續性和科學的非決定性，
強調在倫理、政治和文化中一切觀點的或然
性。然而它尊重西方世界中一切不同的文化和
理論的「不同性」。它是「文化相對主義」後現

代的文化相對主義平等地對待不同的文化的價
值觀念。[15]後現代主義強調，人們越來越把世界
當作一種表面的東西加以相處，而構成和決定
我們個人或群體的狀況的則是許多消耗品的使
用價值。後現代主義所頌揚的是表面性、樣
式、現象。在引述了哈維的一些言語對後現代
主義作出解釋以後，佩珀總結性地說道：「後
現代主義已經被人攻擊為撒切爾主義『智力』
的假相，它肯定比其對手與晚期資本主義有著
更密切的聯繫。後現代主義的世界是割裂的、
絕對混亂和沒有方向感的世界。它的非理性傷
害著眼在理性和進步方向上的信仰，它堅持認
為根本不存在從中可以讀出意識、文化和政治
來的支撐結構。」[16]

　　佩珀論述現代主義和後現代主義的涵義，
為的是進一步闡述後現代政治與綠色政治的相
互關係，說清楚綠色政治接近於現代主義還是
後現代主義。

　　佩珀的觀點非常明確，綠色政治總體上屬
於後現代政治範圍。請看他是如何陳述其理由

的：「綠色政治通常缺乏結構和統一性，捨棄
權威，崇尚文化相對主義，儘管綠色政治學家
自相矛盾地渴求看到所有的社會都符合普遍的
生態學的原理論，也就是說，符合自然容納量
的規律。進而綠色政治在許多方面與後現代政
治相一致。他們反對加之於群體之上的普遍性
的東西（生態規律不在此列）以便可以自我決
定，他們在對綠色進行理論化的過程中，反對
隱含性和結構性，以便推崇表層性。深藏在有
關綠色倫理和綠色社會觀點背後的組織原則，
不是崇高的道德，而是快樂主義（一種認爲快
樂是最高的幸福、人生目的的學說）和唯美主
義（鑑賞美）。」[17]在他看來，在崇尚相對主義
等基本方面，綠色政治與後現代政治無異。

　　佩珀舉例說，阿特金森（Atkinson）是個綠
色政治學家，他就把綠色政治與後現代政治聯
繫在一起，提出了「綠色後現代主義」的概
念。阿特金森作爲一個綠色政治學家，非常推
崇相對主義，確信助長普遍理性和二元論的、
還原主義的和分析的思維，就等於助長文化帝

國主義。佩珀還引用了阿特金森的下面一段話
來說明阿特金森以及綠色政治學贊頌後現代主
義的基本立場：不管是實證主義還是馬克思主
義的社會科學，「作爲這種社會和政治制度
（一種權力的等級體制）的意識形態的附庸，其
功能就在於使工具主義合法化」，「它對隱含在
非工具主義文化背後的『功能』的『發現』，代
表了對其它文化，或者說非工具主義文化態度
的一種簡單否定」。與此形成鮮明的對照，「後
現代主義強烈地認可其它文化和觀念，即『他
者』的同樣的價值」[18]。佩珀評論說：「非常清
楚，阿特金森『激進的』相對主義就其基本原
則而言，事實上相等於無政府主義。它的使命
就是批判和拋棄啓蒙主義，創造一種替代性的
政治生態學。」[19]

　　佩珀在論證了綠色政治在總體上屬於後現
代政治以後馬上又指出，這裡所說的綠色政治
是指環境保護主義中的生態中心主義，即「綠
綠派」的政治，而並不包含生態社會主義、生
態學的馬克思主義，即「紅綠派」的政治在

內。他的意思是，在環境保護主義中，眞正與
後現代主義相近而與現代主義相對立的，只是
生態中心主義，生態社會主義、生態學的馬克
思主義則與後現代主義無緣，相反在許多方面
卻與現代主義走到一起去了。由於人們通常把
綠色政治等同於生態中心主義的政治，進而也
就順理成章地把綠色政治歸屬於後現代政治的
範疇。

　　佩珀的這一點補充說明非常重要，因爲環
境保護主義中的「綠綠派」與「紅綠派」之間
爭論的一個主要內容就是對後現代主義和現代
主義的態度。佩珀甚至這樣說，可以把「綠綠
派」與「紅綠派」之間的爭論視爲後現代主義
與現代主義之間的爭論，「綠綠派」代表的是
後現代主義，而「紅綠派」則代表現代主義的
觀點[20]。

　　佩珀這樣說道：「生態中心主義在很大程
度上是與無政府主義的東西混雜在一起的，它
的一些核心內容都是後現代主義的，即使後者
是一些陳舊的政治哲學觀點。而生態中心主義

的紅色批判則是一種使生態中心主義走向更現代主義的世界觀的一種嘗試，它包括：其一，一種人類中心主義形式；其二，對引起生態危機原因的馬克思主義（唯物主義和結構主義）的分析；其三，社會變革走衝突和集體的道路；其四，社會主義的處方和綠色社會的前景。」[21]在佩珀看來，生態社會主義、生態學的馬克思主義的理論基礎是啓蒙主義、理性主義和工業社會的發展觀和價值觀，這決定了它必然是現代主義的，必然與崇尚非理性主義和神秘主義的生態中心主義的綠色政治相對立。

　　佩珀在這裡對生態中心主義的綠色政治從屬於後現代政治的揭示是正確的，與此同時，他把生態社會主義、生態學的馬克思主義的政治與生態中心主義的政治區別開來，並在此基礎上對綠色政治與後現代政治的內在聯繫只是同後者的綠色政治而不是同前者的綠色政治的聯繫所作的說明，也是正確的。誠如佩珀所言，生態社會主義、生態學的馬克思主義的崛起，代表了生態運動內部一種企圖走出後現代

主義的困境，把綠色引向健康的現代主義的傾
向。

（三）馬克思主義對於生態社會主義猶如 一劑「解毒藥」

　　佩珀認為，綠色運動要脫離帶有濃厚後現
代色彩的生態中心主義，重返人類中心主義，
回到人類的社會主義的理想，必須依靠馬克思
主義的指導。生態社會主義的形成，就是馬克
思主義指導綠色運動的結果，而生態社會主義
出現以後，更應不斷地揭示生態運動、綠色運
動，特別是生態社會主義與馬克思主義的內在
聯繫。他在全書的結尾處鏗鏘有力地說道：
「我認為正統的馬克思主義觀點在很大程度上仍
然是必不可少的，正如我曾指出和強調過的在
分析生態危機的根源時就十分有用，馬克思主
義對生態社會主義來說是至關重要的，它不應
該在總體上被拋棄。雖然馬克思主義不會構成
一個完整的生態社會主義體系本身，但一旦把
馬克思主義投射到綠色問題群之中，馬克思主

義對生態社會主義來說就猶如一劑『解毒藥』，
它能夠消除彌漫於主流綠黨和無政府主義綠黨
言談之中的那種理論上的含混不清、自相矛
盾、枯燥無味等毒素。」[22]

　　佩珀強調，馬克思主義對於生態社會主義
來說是重要的理論遺產，值得生態社會主義者
好好地總結和繼承。他首先指出，馬克思主義
對生態社會主義的重要意義首先不在於其理論
本身，而在於其批判精神和觀察、分析問題的
方法。馬克思主義本質上是批判的、革命的，
這種革命的、批判精神正是今天一切致力於綠
色運動的人，特別是生態社會主義者所必需
的。馬克思所留給人們的一系列方法更是寶貴
的遺產。有個叫布克欽（Bookchin）的人因為
馬克思關於無產階級的歷史使命等理論後來並
沒有得到證實就斷言馬克思的整個方法論也破
產了，佩珀指出：「這並不意味著布克欽關於
馬克思的方法論本身也經歷了一個失敗的、背
叛的、災難的、世紀的斷言得到了證明。」[23]他
特別提到了馬克思以下兩個方面的方法對生態

運動非常有用：一是馬克思瞻望人類未來的方
法。馬克思強調透過社會變革能夠建立一個性
質上完全不同的社會，即使馬克思並沒有非常
確切地說明這究竟如何發生，但馬克思提醒我
們不要否定改變一個社會物質有機體的重要
性，提醒我們建立一個完全不同的社會是完全
可以達到的。「我們能夠塑造自身的前程，並
且『創造我們自身的歷史』，如我們有這樣的需
要那這是一種符合生態要求的前程」24。二是馬
克思分析資本主義社會的方法。佩珀認為馬克
思分析資本主義社會的方法對研究當今流行的
全球化經濟制度特別具有現實意義。他說，
「如果不弄清楚這種制度的實質，我們就無法理
解為什麼這種制度對環境系統的傷害已經到了
這樣一種程度：它已威脅到我們的繼續生存」，
「只有當對這一制度的分析是卓有成效的，我們
才能正確地考慮如何使環境，免受由於人類使
用所造成的那種可怕後果」，而能夠作出這樣的
分析的方法只能是「馬克思主義對資本主義的
社會分析方法」25。

佩珀指出，在馬克思主義的所有理論中，
其自然概念對生態保護的意義最有爭議。許多
人，特別是那些以生態原旨主義者爲代表的綠
綠派都對馬克思的自然概念持否定態度，強調
正是馬克思的自然概念爲人們傷害自然、破壞
自然提供了理論依據。佩珀與這些人的觀點截
然相反，他高度肯定馬克思的自然概念對生態
保護的意義。他對馬克思主義對生態運動的意
義的論證，著重說明了馬克思的自然概念對生
態運動的意義。他指出，馬克思的自然概念屬
於培根、黑格爾的思想範疇，但又不僅僅是追
隨他們，而是超越了他們，發展了一種獨特的
立場。他說：「在馬克思那裡的自然概念，不
僅僅只是把自然當作經濟物品的原料（一種技
術中心主義的觀點），也不僅僅只是把自然當作
物品的固有價值的發源地（一種深層生態學的
觀點），更不僅僅只是把自然當作一個瀕於滅絕
的生態系統（集體活命主義的悲劇），馬克思的
自然概念把自然設想爲是一種社會範疇，儘管
自然具有『客觀性』，但它被自身的某一個組成

部分重新塑造和重新解釋了，即重新塑造和重
新被解釋成人類社會。」[26]他強調，研究馬克思
的自然概念對生態保護的意義，必須從馬克思
辯證地看待自然與社會之間的關係的基本思想
出發。生態中心主義者之所以不能理解馬克思
的自然概念對生態保護的意義，一個重要原因
是它不了解自然與社會之間的這種辯證關係，
而只是停留在人與自然關係的二元論上。

　　他強調，在研究馬克思的自然概念時，不
能忘記馬克思關於「自然界具有優先地位」的
基本觀點。在佩珀看來，從馬克思的這一論述
中不能僅僅領會到馬克思的唯物主義，而且還
應看出馬克思尊重自然的基本立場。但是，在
馬克思的自然概念中，大多是馬克思對一切形
式的自然崇拜和感傷主義的嘲笑，對普遍征服
自然界的讚賞，進而要評價馬克思的自然概念
對生態保護的意義，主要是分析馬克思的這些
思想對生態保護的意義。佩珀反對從馬克思征
服、控制自然的思想中引申出必然傷害、破壞
自然，必然造成人與自然嚴重對立的結論。在

他看來，控制自然，即使是「有意識地」控制
也沒有任何不當。與他具有相同觀點的英國另
一位生態學的馬克思主義者格崙德曼曾這樣爲
馬克思控制自然的思想作辯護：這就像一位技
藝精湛的音樂家熟練地彈奏她的樂器，在這一
意義上我們所理解的「控制自然」既不是指人
以無意識的方式對待樂器，也不是指一個熟練
的演奏者可以用鐵鎚敲擊的方式來「控制」她
的樂器。佩珀與格崙德曼具有同感。他強調，
對自然的控制並不是造成生態問題的原因，生
態問題主要是由對待自然的「特殊的」方式所
帶來的。人類自身總不僅依賴於自然，又要支
配自然。在人與自然的關係上人總是處於中心
位置，即總是站在人的利益上來對待和處理自
然。如果是這樣，人恰恰在保護自然方面擁有
自己的利益。所以，馬克思要我們控制自然並
不意味著就是要我們肆無忌憚地去盤剝自然，
其中當然包含有保護自然的涵義。支配自然並
不等於破壞自然。佩珀提醒我們注意馬克思關
於「按照美的規律塑造自然」的論述，他認爲

馬克思的這一論斷充分體現出馬克思出於審美
的動機對自身環境的整體關心。進而馬克思控
制自然的概念說最終是要我們根據審美的要求
來重新塑造自然，馬克思控制自然的概念對生
態保護的意義正是在這裡。

　　馬克思關於把第一自然轉化爲第二自然的
思想是遭生態中心主義者批評最多的，而在佩
珀看來，正是馬克思的這一思想深刻地指明了
人如何解決人既存在於自然又與之相對立的矛
盾的途徑。人造的自然是人們與自然作鬥爭的
必然性的體現。把自然界與「好」，而把技術、
人類文化與「壞」聯繫在一起是錯誤的，人類
完全能夠創造出一個比自然給予的世界更好的
世界。只要第二自然使人成爲自己命運的主
人，只要第二自然能符合人的美的觀念，就談
不上對自然的傷害，就能實現人與自然高度的
和諧，因爲對美的追求是人與自然所共同的。

　　佩珀在這裡從兩個方面，即馬克思的方法
論和馬克思的自然概念，說明了馬克思主義對
生態社會主義的重大意義。他的這兩個方面的

說明，都給人以啓發。尤其是他對馬克思的自
然概念的分析，有力地駁斥了生態中心主義者
對馬克思主義的誤解以及建立在這一誤解基礎
之上的指責，充分地表明了作爲一個生態社會
主義者的正確立場。確實，只有像他那樣去了
解馬克思的自然概念的涵義，才能眞正領會馬
克思主義對於生態保護，對於生態社會主義的
意義。另外，他對馬克思控制自然的思想的評
價，與萊易斯等人有了很大的區別，這從一個
方面反映出20世紀90年代以後的生態社會主義
的新發展。

（四）生態社會主義是一種人類中心主義

　　西方生態中心主義者把生態危機的原因往
往歸結爲在觀念上而不把生態置於中心的位
置，認爲只要切實做到以生態爲中心，實施生
態中心主義，就能實現環境的保護。佩珀完全
不同意這種觀點。他強調應該從資本主義生產
方式本身去尋找生態危機的原因，具體地說，
人類破壞自然生態平衡的行爲，是由資本主義

生產方式決定的。他把對自然的剝削視爲資本主義剝削的一個有機組成部分。

　　在他看來，資本主義制度決定了在資本主義社會中存在著它自身不可解決的生態矛盾。首先，資本主義生產的唯一目的是追求利潤，只要是資本主義就必然實行利潤掛帥，這就決定了它要不斷地去掠奪自然，把自然作爲獲取利潤的對象。在平均利潤率呈不斷下降的今天，資本主義的企業更要透過強化對自然資源的利用，來確保企業的利潤。這也就決定了資本主義的制度會不斷地吞噬著它賴以生存的自然基礎，即這一制度必然會滋生生態矛盾。其次，資本主義存在著一種「成本外在化」的趨向，也就是說，在市場法則支配下，資本主義的企業是不願意把治理環境污染的費用計入生產成本的，而是千方百計地使這部分成本外在化，即轉嫁給社會。正因爲資本主義企業不可能犧牲企業去保護環境，進而資本主義制度下產生生態矛盾也是順理成章的。目前資本主義社會中許多人在做著綠色資本主義的夢想，佩

珀則強調由於資本主義生態矛盾的存在，這一
夢想是不可能實現的。他這樣說道：「資本主
義的生態矛盾使其可持續發展、『綠色』資本
主義成了一種不可能實現的夢想，進而成爲一
種自欺欺人的騙局。」[27]

　　佩珀還揭露說，由於生態矛盾對資本主義
制度來說是不可能解決的，所以這一制度又企
圖透過對廣大發展中國家實施生態掠奪來轉嫁
和緩和矛盾。這就出現了「生態帝國主義」現
行的資本主義國家在很大程度上都是生態帝國
主義國家。他批評一些發達的資本主義國家將
一些高耗費、高污染、勞動密集型的企業遷移
到發展中國家，甚至把垃圾也建立在那些國
家，掠奪那裡的土地、潔淨的空氣、乾淨的水
源和其它一切自然資源。他說：「環境質量是
與物質上的窮或富聯繫在一起的，而西方資本
主義越來越透過對第三世界財富的掠奪來維持
和『改善』自身，使自己成爲令世人仰慕的樣
板。」[28]他藉用彼得・格林納威（Peter
Greenaway）的電影《情慾色香味》（廚師，大

盜,他的妻子和她的情人)中的一個隱喻來說明之:酒店是如此地富麗堂皇,但它是用與日俱增的污染、令人作嘔的客房和廚房裝點起來的。佩珀的意思是,資本主義社會即使是使生態危機的狀況有了點改善,那也只是把這種生態危機轉嫁的結果,從全世界範圍來看,生態矛盾依然存在,甚至還在不斷加劇。

在佩珀看來,既然生態危機的根源在於資本主義制度,在於這一制度不可改變的利潤掛帥的經營戰略,那麼,消除生態危機的唯一出路就是對這一制度實施變革,即改變資本主義制度爲社會主義制度。當然,他所說的社會主義不是傳統意義上的社會主義,而是生態社會主義。

那麼生態社會主義的主要特徵是什麼呢?佩珀特地向人們指出,生態社會主義並不是以生態爲中心,不能像一些生態中心主義者那樣,認定生態問題主要出在人對生態環境的支配上,進而又認定只要放棄這種對生態環境的支配,把生態置於中心的地位就把問題解決

了，認定理想的社會必須以生態爲中心。佩珀
強調，由於他並不認爲資本主義社會中的生態
問題的根源是不把生態環境放到中心的位置，
所以他當然並不把取代資本主義社會的新的理
想社會的主要特徵歸結爲以生態爲中心。

　　佩珀指出，作爲取代資本主義社會的理想
社會——生態社會主義的主要特徵是實施人類
中心主義。當然這種人類中心主義不是現行資
本主義社會中流行的技術中心主義其意義上的
人類中心主義，目前一些人所說的人類中心主
義實際上是技術中心主義，即名義上是把人置
於中心的位置，而實際上是把技術置於中心的
位置。這裡所說的人類中心主義與馬克思所說
的人道主義同義。他這樣說道：「生態社會主
義是人類中心主義（不過不是資本主義技術中
心主義意義上的人類中心主義）和人道主義。
它反對生物道德論和自然神秘論以及由它們所
導致的任何各種可能的反人道主義的體制。它
強調人類精神的重要性，強調這種人類精神的
滿足有賴於與其它自然物的非物質性的交往。

人並不是一種污染源，人並不是生來就是傲
慢、貪婪、好鬥、富有侵略性，也不是生來就
具有其它的種種野蠻性。假如人天生是這樣的
話，那也並不是不可改變的遺傳因素造成的，
也不是原罪所致，而是流行的社會經濟制度使
然。雖然不能把人與其它動物同日而語，但人
也是自然存在物。我們所設想的自然，是社會
的被設想的和社會的形成的。而人所做的也是
自然的。」[29]佩珀的這段話比較明確地闡述了他
把生態社會主義理解爲人類中心主義的緣由：
如果不是把人而是把自然置於中心地位，顛倒
人與自然的關係，認爲眞正的主人是自然，而
人僅僅是自然的奴僕，把人與自然的關係神秘
化，那麼必然帶來各種反人道主義的體制，結
果是自然沒有當上主人，而大部分人反卻成了
一小部分人的奴隸。人按照本性是理性的，人
目前在面對自然時所表現出來的種種貪婪性、
瘋狂性是由現行的社會經濟制度帶來的，人按
其本性與自然並不衝突。因此只要改變了現行
的社會經濟制度，人的種種貪婪性、瘋狂性就

會相繼消失，而恢復其理性。這樣人就會按照
理性的方式合理地、有計畫地利用自然資源，
滿足人類物質上有限而又豐富多彩的需求。在
這種人與自然關係的新模式中，人居於中心地
位，自然是人的可親可愛的家園，人與自然形
成一種和諧的關係，眞正實現了自然主義與人
道主義的高度統一。

　佩珀對生態危機與資本主義內在必然性的
揭示，由於抓住了問題的實質，給人以深刻的
啓示。確實如佩珀所言，資本主義生產方式的
內在矛盾是造成生態危機的根本原因。在當今
世界上，應對環境惡化、生態失衡負主要責任
的是發達資本主義國家。佩珀把社會主義與人
類中心主義聯繫起來，一反在綠色運動中常見
的生態中心主義主張，充分表現了作爲一個生
態社會主義者超越一般的環境保護主義者的理
論視野和政治立場。

註釋

1.佩珀（1993）：《生態社會主義——從深層生態學到社會正義》，倫敦洛特雷出版社，第46頁。

2.同上。

3.同上，第48頁。

4.同上。

5.同上，第50頁。

6.同上。

7.同上，第51頁。

8.同上，第52頁。

9.同上，第53頁。

10.同上，第52頁。

11.同上，第47頁。

12.同上，第55頁。

13.哈維（1990）：《後現代狀況》，劍橋，第12-13頁。

14.佩珀（1993）：《生態社會主義——從深層生態學到社會正義》，倫敦洛特雷出版社，第56-57頁。

15.同上，第57頁。

16.同上。

17.阿特金森（1991）：《政治經濟學原理》，倫敦，第61-62頁。

18.佩珀：《生態社會主義——從深層生態學到社會正義》，倫敦洛特雷出版社，1993年，第57頁。

19.同上，第58頁。

20.同上。

21.同上，第248頁。

22.同上，第64頁。

23.同上。

24.同上，第64-65頁。

25.同上，第114頁。

26.同上，第95頁。

27.同上，第96頁。

28.同上，第232-233頁。

結語

　　生態社會主義是當代西方「新社會運動」
的主要組成部分。由於它剛興起不久，尚未形
成完整的理論體系，許多理論觀點仍在發展變
化過程中，走向不定，所以當下就對這一思潮
的性質作出一個蓋棺定論式的總體評價，顯然
是十分草率的。但也並不等於對它不能說出一
個所以然來。

（一）

　　改善生活質量，實現可持續發展，是當今
人類的一個普遍意願。生態社會主義忠實地反
映了人民大眾的這一意願。這是一個關心人類

前途和命運的派別。在他們的著作中，強烈地
表現了他們對人類關懷、現實關懷。無疑，生
態社會主義者是當今人類中最具責任心的一部
分人。正是滿懷著這樣一種責任感，他們對人
類面臨的生態危機的嚴重呈現、後果、根源及
其解決的途徑進行了深入的思考。不管他們的
這種思考的正確性如何，他們的這種精神十分
可佳。在享受主義、個人主義、現實主義與日
俱增的今天，人類缺少的就是這麼一種精神。
如果沒有像生態社會主義者這些最有覺悟的人
的存在，人類最終被毀滅了還不知是怎麼滅亡
的。

（二）

儘管蘇東劇變後馬克思主義處於低潮，但
許多有識之士（包括西方的）都指出，馬克思
主義仍然是人類前進的一面旗幟，跨入21世紀
的人類離不開馬克思主義的導向。生態社會主
義自覺地接受馬克思主義的影響，運用馬克思
主義的立場、觀點和方法，分析當代社會的生

態危機，探索擺脫危機之路。他們致力於生態
理論與馬克思主義的結合，生態運動與社會主
義運動的結合，這就使他們對生態問題的思考
具有明顯的革命或批判的取向。面臨生態危機
的日益嚴重，馬克思主義態度如何，紅的能否
兼顧綠的？綠的能否認同紅的？成為人們所關
注的焦點。生態社會主義不失時機地在派系林
立的綠色運動中樹起了馬克思主義紅旗。他們
這樣做，其意義不僅在於使生態運動有了馬克
思主義的理論導向，而且與此同時又讓馬克思
主義面對了當代最大的現實問題，進而又使其
從教導化的傾向中擺脫了出來。

（三）

　　目前世界上尋找造成生態危機根源的為數
不少，但像生態社會主義者那樣旗幟鮮明地把
生態危機直接歸因於資本主義制度的並不多。
他們揭示了生態危機的本質，是資本主義追求
利潤最大化的內在邏輯，是根本制度的結果。
他們透過生態環境問題，看到了資本主義制度

對人和自然的嚴重損害。他們強調應該從資本主義生產方式本身去尋找生態危機的原因，人類破壞自然平衡的行為，是由資本主義生產方式決定的。他們密切關注著資本主義的新變化：日益加劇透過異化消費及對人愛好的操縱，來維護和提高利潤率。他們將對人與自然的關係的批判納入對資本主義生產方式批判的視野，並與資本主義制度相聯繫，這是他們理論的獨特也是深刻之處。

（四）

當前資本主義的一個重要趨勢是全球化。生態社會主義及時地研究了資本主義全球化趨勢與全球環境惡化的內在聯繫，這又使其獲得了更大的批判資本主義的理論空間。他們不斷觸及生態的南北問題，並指出這是資本主義對不發達國家的掠奪的結果，是繼商品輸出、資本輸出的掠奪方式之後新的生態掠奪。他們透過「生態帝國主義」的概念，揭示了當代發達資本主義國家把生態危機轉嫁給發展中國家的

行徑。從他們的言詞中可以充分地看出，在當
今世界範圍內，發達資本主義國家已向世界人
民欠下了大量的生態方面的債務。現在發達國
家及其領導人正以「地球衛士」、「生態警察」
自居，大玩賊喊捉賊、倒打一耙的伎倆，不僅
竭力推卸自己的責任，而且把造成生態危機的
主要責任推到第三世界國家頭上。生態社會主
義對這一伎倆作了淋漓盡致的揭露。

（五）

目前在生態運動、綠色運動中流行的是生
態中心主義。生態社會主義與這一占統治地位
的傾向唱反調，堅持人類中心主義，提出生態
社會主義就是人類中心主義。他們堅持以「人
的尺度」來認識自然環境問題，亦即在分析生
態問題時，不是簡單地將人與自然對立起來，
割裂開來，而是要統一在一起，將自然與人、
自然與社會總的聯繫起來。他們並不諱言人是
世界的中心，人必須統治自然，他們解釋說這
裡所說的「統治」自然根本區別於人們通常所

解釋的那種「主宰」自然，而是包含「計畫」、「管理」、「治理」自然之意。因此人統治自然意味著人按照理性的方式合理地、有計畫地利用自然資源，以滿足人類物質上有限而又豐富多彩的需要。他們提出了人與自然關係的新模式：人居於中心地位，自然是人可愛的家園，人與自然和諧相處。生態社會主義開闢了人與自然關係的新視角，用人類中心主義取代生態中心主義獲得了廣泛的讚賞。

（六）

生態社會主義面對歷史的新發展，在承認社會主義低潮的同時，仍堅信社會主義必然代替資本主義。他們強調，蘇東社會主義的失敗不能說是資本主義的勝利，而只能說明社會主義的存在基礎已經發生了重大變化。於是他們在理論上考察了社會發展與生態問題的內在聯繫，並指出這是社會主義不可或缺的內涵。他們強調作為一個整體歷史進程的社會發展，必須要與自然生態系統協調，試圖把人與自然、

社會發展與自然發展相協調的發展作爲新的社
會主義的理論基礎。他們圍繞著經濟的發展、
社會的發展和生態的發展這三大目標,爲人們
從整體的角度解釋社會主義增加了新的內容。
生態社會主義從形形色色的社會主義流派中異
軍突起決不是偶然的。生態社會主義的崛起反
映了傳統社會主義理論的重大轉折。

(七)

人究竟應該如何生活是當今人類關注的焦
點。生態社會主義最吸引人之處是向人們展示
了一種新的生活方式。他們激烈地批評了在現
代社會中流行的「越多越好」的原則,提出要
打破「多」與「好」之間的聯繫。他們要重建
「少」與「好」之間的聯繫,提出了一種「更少
地生產,更好地生活」的新的生活準則。他們
抨擊現代資本主義社會爲延緩經濟危機而力圖
歪曲滿足需要的本質,誘使人們在市場機制作
用下把追求消費當做眞正的滿足,進而導致了
異化消費。他們要求現代人必須實現下述轉

變：從對物質的需求轉變爲對精神的需求、從
對生活物品數量的追求轉變爲對生活質量的追
求、從對物質生活的享受的滿足轉變爲自身全
面的健康舒暢。他們所提出的「生活的價值在
於創造而不在於消費」、「人的滿足最終在於生
產活動而不在於消費活動」等口號儘管具有濃
厚的浪漫主義色彩，但確實吸引了不少人。他
們確立新的生活觀念的理論大多繼承了西方馬
克思主義的傳統。

參考書目

中文部分

陳學明（2000年6月）：《蘇聯東歐劇變後國外馬克思主義趨向》，中國人民大學出版社。

段忠橋（2001年6月）：《當代國外社會思潮》，中國人民大學出版社。

俞可平（1998年1月）：《全球化時代的「社會主義」》，中央編譯出版社。

曾枝盛（1998年5月）：《二十世紀末國外馬克思主義綱要》，中國人民大學出版社。

徐崇溫（2000年12月）：《西方馬克思主義理
　　論研究》，海南出版社。

米路斯・尼科利奇（1989年）：《處在二十一
　　世紀前夜的社會主義》，重慶出版社。

陳學明（2002年1月）：《西方馬克思主義教
　　程》，東方出版社。

馬爾庫塞（馬庫色）等（1982年）：《工業社
　　會與新左派》，商務印書館。

弗・卡普拉等（1988年）：《綠色政治》，東方
　　出版社。

徐覺哉（1999年）：《社會主義流派史》，上海
　　人民出版社。

郁慶治（1998年）：《綠色烏托邦——生態主
　　義的社會哲學》，泰山出版社。

英文部分

Albury. D. (1990) *The Politics of Science and Technology*, Pluto Press.

Bahro, R. (1991) *Building the Green Movement*, London.

Bramwell, A. (1989) *Ecology in the Twentieth Century: A History*, London.

Button. J. (1988) *A Dictionary of Green Ideas*, London.

Callenbach, E. (1981) *Ecotopia Emerging*, Berkeley.

Dobson, A. (1990) *Green Political Thought*, London.

Grundmann, R. (1991) *Marxism and Ecology*, Oxford.

Parsons, H. L. (1977) *Marx and Engels on Ecology*, London.

Ryle, M. (1988) *Ecology and Socialism*, London.

Scott, A. (1990) *Ideology and the New Social Movements*, London.

Stretton, H. (1976) *Capitalism. Socialism and the Environment*, Cambridge.

Weston, J. (1986) *Red and Green: The New Politics of Environment*, London.

Young, J. (1990) *Post-Environmentalism*, London.

Dickens, P. (1992) *Society and Nature-Towards a Green Social Theory*, Temple Universitity Press.

生態社會主義　　　　　　　　　　文化手邊冊 65

著　　　者☞陳學明

出 版 者☞揚智文化事業股份有限公司

發 行 人☞葉忠賢

總 編 輯☞林新倫

執行編輯☞黃美雯

登 記 證☞局版北市業字第 1117 號

地　　　址☞台北市新生南路三段 88 號 5 樓之 6

電　　　話☞(02)23660309

傳　　　真☞(02)23660310

郵政劃撥☞19735365　戶名：葉忠賢

印　　　刷☞偉勵彩色印刷股份有限公司

法律顧問☞北辰著作權事務所　蕭雄淋律師

初版一刷☞2003 年 10 月

定　　　價☞新台幣 200 元

ＩＳＢＮ☞957-818-533-2

E-mail☞yangchih@ycrc.com.tw

網 址☞http://www.ycrc.com.tw

國家圖書館出版品預行編目資料

生態社會主義 / 陳學明著. -- 初版. -- 臺北
市：揚智文化, 2003 [民 92]
面；公分. -- （文化手邊冊；65）
參考書目：面
ISBN 957-818-533-2（平裝）

1. 社會主義 2.生態學

549.21   92011957

後馬克思主義	曾枝盛/著	NT:200
大眾文化理論	陸　揚/著	NT:150
新資本主義	郭洪紀/著	NT:200
知識經濟	馬豔等/著	NT:200
全球化	楊雪冬/著	NT:200
超博物館	吳鴻慶/著	NT:200
電子書	唐真成/著	NT:150
生態社會主義	陳學明/著	NT:200
口述史學	張廣智、陳恆/著	NT:150

∞ 比較政府與政治 ∞ ·················

英國政府與政治	胡康大/著	NT:350
俄羅斯政府與政治	葉自成/著	NT:350
美國政府與政治	唐士其/著	NT:400
東南亞政府與政治	張錫鎮/著	NT:400
德國政府與政治	顧俊禮/著	NT:400
日本政府與政治	蔣立峰、高洪/著	NT:400

∞歐洲智庫∞ ·······················

歐洲統合—政府間主義與超國家主義的互動	張亞中/著	NT:350
德國問題—國際法與憲法的爭議	張亞中/著	NT:300
德國文化史	杜　美/著	NT:350

∞ 當代大師系列 ∞ ··················

德希達	楊大春/著	NT:150
李歐塔	鄭祥福/著	NT:150
羅逖	張國清/著	NT:150
傅柯	楊大春/著	NT:150
詹明信	朱　剛/著	NT:150